高等院校互联网+新形态教材·经管系列(二维码版)

猎头管理理论与实务
(微课版)

彭 璐 梁欢欢 张 洲 主 编

U0368309

清华大学出版社

北 京

内 容 简 介

在加快构建现代化产业体系的时代背景下，社会经济的发展对优质高效的现代服务业新体系提出了新要求。人力资源服务业是现代服务业的重要组成部分，其中的猎头服务在实现高层次人才资源有效配置方面发挥了独特的作用。本教材从人力资源服务的内涵和属性出发，按照由理论到实务，从一般到特殊的编写思路，介绍了猎头管理的基本概念、原理和应用，具体包括猎头服务的内涵和特点、猎头项目管理、客户开拓、寻访与甄选、候选人推荐与面试和入职管理等方面的内容。同时，本教材还融入了行业实践案例，通过分享实战经验为读者提供了一个全面了解和把握猎头管理的机会。

本教材既可作为高等院校人力资源管理专业及相关专业的教材，也可作为猎头服务行业相关从业人员的参考用书。

本书封面贴有清华大学出版社防伪标签，无标签者不得销售。

版权所有，侵权必究。举报：010-62782989，beiqinquan@tup.tsinghua.edu.cn。

图书在版编目(CIP)数据

猎头管理理论与实务：微课版 / 彭璐，梁欢欢，张洲主编. -- 北京：清华大学出版社，2025. 2.
(高等院校互联网+新形态教材). -- ISBN 978-7-302-68440-4

Ⅰ. F272.92

中国国家版本馆 CIP 数据核字第 20256SU935 号

责任编辑：梁媛媛
封面设计：李　坤
责任校对：周剑云
责任印制：丛怀宇
出版发行：清华大学出版社
　　　　　网　　　址：https://www.tup.com.cn, https://www.wqxuetang.com
　　　　　地　　　址：北京清华大学学研大厦 A 座　　　邮　　编：100084
　　　　　社 总 机：010-83470000　　　　　　　　　邮　　购：010-62786544
　　　　　投稿与读者服务：010-62776969, c-service@tup.tsinghua.edu.cn
　　　　　质量反馈：010-62772015, zhiliang@tup.tsinghua.edu.cn
　　　　　课件下载：https://www.tup.com.cn, 010-62791865
印 装 者：三河市少明印务有限公司
经　　　销：全国新华书店
开　　　本：185mm×260mm　　　印　　张：13.75　　　字　　数：333 千字
版　　　次：2025 年 3 月第 1 版　　　印　　次：2025 年 3 月第 1 次印刷
定　　　价：42.00 元

产品编号：101662-01

前 言

党的二十大报告指出，要"加快构建新发展格局，着力推动高质量发展"，并特别指出，要"建设现代化产业体系""构建优质高效的服务业新体系"。作为现代服务业的重要构成之一，猎头服务是组织与高层次人才之间的桥梁，是人力资源管理服务的重要组成部分。在培育和发展新质生产力、促进全要素升级和优化配置的过程中，猎头服务在高级人才优化配置方面的作用日益凸显。因此，猎头管理也需要随着新质生产力的发展不断提升业务水平。

本教材为应用型教材，目的是让学生在了解基本理论的同时，加强对学生应用能力的培养。通过学习本教材，学生能够掌握猎头管理相关的基本理论，并结合猎头服务的特点和客户企业的实际需求，有效开展猎头服务活动。

本教材立足于当前猎头服务企业管理的实际情况，并吸收、借鉴国内外研究成果和经验。

本教材具有以下三个特点。

(1) 本教材将理论与实践相结合，基于猎头服务的流程，梳理了猎头管理中涉及的常用理论，并辅以相应案例，能够帮助学生更好地将理论知识应用到实践中。

(2) 本教材每章都设置了引导案例，目的是引起学生对猎头管理工作现实问题的思考，使学生带着问题进行学习，从而明确各章节知识在实际猎头管理中的应用。

(3) 本教材精编了猎头管理工作中常用的工具、话术，并设置了单独的实训项目章节，帮助学生更好地掌握猎头管理工作的技巧。

本教材是集体智慧的结晶，由桂林航天工业学院彭璐、梁欢欢和上海魔飞企业管理咨询有限公司总经理张洲主编。具体的编写分工是：第一章至第三章由彭璐编写，

第四章至第六章由梁欢欢编写，第七章、第八章由张洲编写。桂林航天工业学院人力资源管理专业的周星、石庆敏同学也参与了教材编写过程中的资料收集、案例编写及校对等工作。

在本教材的编写过程中，编者得到了多位行业专家的大力支持，感谢给本书提出宝贵意见的桂林思佳途企业管理咨询公司的蒋斌总经理；感谢桂林航天工业学院"自治区级一流本科专业建设项目"为本教材提供的资助。本教材在编写过程中还参阅了国内外大量著作和文章，在此谨向有关作者致以深深的谢意。

我们力图编写一本集理论性和实用性于一体的猎头管理教材，但由于作者知识水平和经验有限，书中难免存在疏漏之处，在此衷心希望广大学生批评、指正，我们将及时订正，以使本书更加完善。

编 者

目录

第一章　概　　述

【学习目标】

通过对本章内容的学习，学生需要做到：

1. 了解人力资源服务的内涵、属性、特征和主要内容；

2. 了解猎头的发展演变；

3. 理解猎头服务的基本流程；

4. 掌握猎头服务的作用、特点和原则。

【引导案例】

某著名高新技术企业(行业前三名)2013年年销售额为3.4亿元,企业拥有新能源汽车的核心技术,也受到了各级党委、政府的高度重视和大力支持,现在公司急需扩大发展规模,但苦于缺乏人才和资金的支持。该企业董事长找到了BJ猎头公司,经过深入的沟通与交流,双方达成了合作协议。BJ猎头公司承诺为其引进高管团队,支持其企业的发展壮大。经过半年多的努力,BJ猎头公司先后为其引进了某上市公司的财务总监王××担任企业财务总监兼董事会秘书,某大型家电制造企业的人力资源部经理陈××担任企业人力资源总监,某同行业营销中心经理盛××担任企业北方区营销总监,某白色家电制造企业生产总监齐××担任企业生产副总经理,某制造企业质量部经理方××担任企业质量总监。以上人才到岗后,各自从自己的专业入手,建立健全各项管理制度,理顺各种关系,提升管理效益。经过大家上下齐心的努力拼搏,该企业于2015年成功上市,到2017年年底年销售收入超过100亿元。

2018年年初,该企业董事长又找到BJ猎头公司。他说:"你们过去为公司引进的多位高管为企业的发展壮大作出了巨大贡献。公司在近几年内要实现年销售额超过500亿元的目标,但目前的高管团队要实现这个目标十分困难,因此公司需要再引进几位能带领企业实现该目标的高管人才,请你们帮助寻找。"BJ猎头公司经过一年多的努力,从浙江某上市公司引进一位总经理,从某大型家电制造企业总部引进一位IT副总裁,从某白色家电制造企业引进一位生产总经理。猎头公司承诺以后还会不断为该公司引进更多、更优秀的高端人才。相信在不久的将来,该公司会顺利实现年销售额500亿元或更高的目标。

(资料来源:郑孝领.猎术:猎头核心技能[M].2版.北京:中国发展出版社,2019.略作修改)

思考: 你认为BJ猎头公司在该公司发展中发挥了什么作用?

第一节 人力资源服务概述

国际经济竞争的实质是科技、人才的竞争。在科技和经济的发展过程中，人力资源的作用越来越突出。在相同的物质资源投入下，人力资源投入的差异带来了截然不同的产出。

人力资源管理是组织为了实现其目标，对人力这一特殊的战略性资源进行有效开发、合理利用、科学管理等所有管理活动的总称。人力资源管理活动是一种开发性活动。随着人力资源管理理论和实践的发展，人力资源管理的科学性、专业性不断提高，管理分工也不断明确。企事业单位在各自的管理实践中，形成了各具特色的人力资源管理模式。为应对全球化和人力资源结构性短缺，人力资源管理也在不断创新，出现了从事人力资源管理核心业务的专门机构。这些专门机构的业务涵盖了招聘、高级人才寻访、培训、测评、社会保障、档案管理等多种人力资源管理事务，并逐渐形成了相对独立的产业，即我们所说的人力资源服务业。中华人民共和国人力资源和社会保障部发布的《关于加快发展人力资源服务业的意见》(人社部发〔2014〕104 号)文件，将人力资源服务业定义为：面向劳动者就业和职业发展，为用人单位管理和开发人力资源提供相关服务的专门行业。

一、人力资源服务的内涵与属性

(一)人力资源服务的内涵

人力资源服务这个概念提出的时间并不长，它是随着我国市场经济体制的发展而产生的。市场经济发展初期，我们常常使用"劳动力市场建设"或"人才市场建设"等概念来描述相关工作，但这些概念更侧重于公平交易和资源配置，"市场"本身还存在具体场所的意义。通过学者和业内人士的反复讨论，提出了"人力资源服务业"

或"人才服务业"的概念,并且得到了广泛的认可。这一概念也开始相继出现在中央文件中。

人力资源服务是用人单位与专门的第三方机构形成的关于人力资源管理的相关活动的供需关系。基于此,我们将人力资源服务界定为:人力资源服务是组织将自身的人力资源管理和开发相关活动的部分或者全部交由第三方提供,由其通过专业手段实施的外部化过程。

(二)人力资源服务的属性

随着社会分工和市场经济的不断发展,人力资源服务诞生了。因此,它的社会性和经济性这两种属性是与生俱来的。

1. 人力资源服务的社会性

人力资源服务在内涵上表现为"组织—组织""组织—员工""员工—员工"之间的相互关系,体现了组织间的分工、合作关系,以及员工与组织之间的和谐劳动关系。人力资源服务的这种社会化合作和相互依赖关系的表现形式多种多样,既可能是非典型雇用模式,如劳务派遣和岗位外包;又可能是在用工组织内部形成不同体制和身份下的员工关系,如正式员工与派遣员工的制度差别。

2. 人力资源服务的经济性

从社会资源的角度来看,人力资源服务通过第三方专门机构提供的人力资源管理活动,可以促进人力资源的合理流动,提高人力资源的配置效率;从组织内部来看,人力资源服务通过专业化分工,可以优化组织内部人力资源管理的流程,有效控制管理成本。因此,人力资源服务具有经济性。

二、人力资源服务业的特征

人力资源服务业符合产业经济发展的一般规律,具有产业依附性、区域发展不平衡性和发展周期性特征。随着大数据和人工智能技术的发展,人力资源服务业也展现出数字化融合和产业生态化等新的时代特征。

(一)产业依附性

人力资源服务企业通常需要对客户行业的产业链条、专业分工和组织流程较熟悉，同时又需要与合作伙伴在资源、平台、渠道等方面进行深度的合作和共享。因此，人力资源服务业在人员结构、专业能力、服务标准等方面体现出对客户行业的较强依附性。

(二)区域发展不平衡性

人力资源服务业一般在经济发达、产业集聚、人才汇集、政策环境良好的区域发展得较好，而在经济基础薄弱、产业发展相对滞后的区域难以形成较大的市场规模。

(三)发展周期性

人力资源服务业的发展周期性主要与宏观经济景气程度、行业经营状况及劳动力供给情况有一定的关系。宏观经济景气、行业产业处于上升周期时，相关企业对人力资源的需求较大，因此人力资源服务业也处于较快的发展周期；反之，相关企业对人力资源的需求减少，那么人力资源服务业也会转向下降周期。

(四)数字化融合

随着大数据、人工智能等技术的发展与应用，人力资源服务业也积极进行数字化转型，并改变了人力资源服务业传统的行业发展模式。 在线招聘、人力资源软件服务(Software as a Service，SaaS)、精准人岗匹配等人力资源管理工作都与数字化产生了不同程度的融合，且数字化转型的趋势和特征日益明显。

(五)产业生态化

第一，人力资源服务业新业态不断涌现，平台经济、共享经济成为人力资源服务业加强资源整合、创新服务模式的重要依托。第二，人力资源服务产业集群发展，促进专业人才向产业集群高度集聚。第三，人力资源服务业的专业性、行业性不断加强，特别是出现了聚焦先进制造业、战略性新兴产业、现代服务业及数字经济等重点领域的专业性、行业性人力资源服务机构。

三、人力资源服务的主要内容

人力资源服务的内容广泛，它涵盖了人力资源管理的各项工作，其核心是实现人力资源合理、有效的配置，促进人力资源管理价值的提升。具体来看，目前人力资源服务的主要内容包含九个方面：人力资源管理咨询服务、招聘服务、高级人才寻访、人才测评、劳务派遣、薪酬服务、福利服务、培训服务和人力资源业务流程外包等。

(一)人力资源管理咨询服务

人力资源管理咨询服务是指专业咨询机构基于企业在人力资源领域的特殊需求，为其提供适合目标企业特点的人力资源解决方案，使企业的人力资源体系同企业战略相适应并为其提供支持作用的服务。人力资源管理咨询服务主要围绕人员招聘、绩效考核、薪酬体系、培训和职业生涯规划等几个方面展开。

(二)招聘服务

招聘服务是指招聘服务机构为了给用人单位提供满足组织需求的相关人才，提供招聘需求确认、发布招聘信息、选择招聘渠道、安排考核内容、进行背景调查、沟通与发送录用通知等一系列服务或某一项服务。按照招聘形式的不同，招聘服务可分为网络招聘服务和委托招聘服务两种形式。网络招聘服务是指通过对网络、系统等 IT技术手段的运用，帮助企业完成招聘的过程，即企业通过第三方招聘网站或网络招聘服务机构，使用简历数据库或搜索引擎等工具来完成人才的招聘。委托招聘服务是指企业委托人才服务机构通过其特有的人才资源和人才渠道为企业提供符合条件的相关专业人才，主要招聘对象为行业通用或普通人才，与猎头招聘的高级人才形成对比。

(三)高级人才寻访

高级人才寻访服务俗称"猎头"服务，是人力资源服务领域的新兴业务之一，属于人力资源服务业的高端业务。2011 年 1 月 1 日起,中国人力资源服务行业首个国家标准——《高级人才寻访服务规范》已由原中华人民共和国国家质量监督检验检疫总局正式批准并发布实施。《高级人才寻访规范》中规定,高级人才是指"满足客户要求的具有较高知识水平、专业技能的高层管理人员和高级技术人员或其他稀缺人员。"而高级人才寻访则是指"为客户提供咨询、搜寻、甄选、评估、推荐并协助录用高级人才的一系列服务活动。"笔者认为,高级人才寻访服务是指人才服务机构为企业提供高级人才的搜索、追踪、评价、甄选和推荐并协助录用等服务,主要服务对象为高学历、高职位、高价位的人才。本教材将在后面的章节中对高级人才寻访服务的内容进行具体介绍。

(四)人才测评

人才测评是目前人力资源服务业中蓬勃发展的服务项目之一,是在综合运用心理学、管理学和行为科学的基础上,通过面试、心理测验、情景模拟等方法对测试者的能力、性格特征等因素进行科学的测量,并结合企业特征及组织的岗位要求对测试者的发展潜力、个性特点、素质状况等方面进行评估,为企业和组织选人、用人及育人提供一定的科学依据或参考。

(五)劳务派遣

劳务派遣又称劳动派遣、人才派遣或人才租赁,是指劳务派遣机构根据实际用工单位的需要,通过与派遣员工订立劳动合同,将派遣员工派遣至实际用工单位工作的用工方式。劳务派遣是针对企业需求灵活用工的一种人力资源配置方式,这种用工方式的特别之处在于雇用与使用的分离,成为企业缩减成本的一种有利选择。但劳务派遣这种用工方式只能在"临时性、辅助性、替代性"的岗位上运用。

(六)薪酬服务

薪酬服务是指企业与外部服务承办机构之间建立合作伙伴关系,由外部专家负责该企业薪酬部门的日常管理工作。薪酬服务主要工作内容包括职位评估、市场数据管理、工资规划及汇报。薪酬服务具有客户化定制、高效、及时、准确、区域协调等特点，能够为客户提供专业的个性化服务，高效及时地发放薪酬，提高企业的跨区域薪酬管理能力。

(七)福利服务

福利服务是指企业向员工提供的各类福利。员工福利服务，没有太大的强制性，也没有法律依据可遵循，因此可以理解为"非法定福利"。但很多公司都提供员工福利服务，以提高员工工作的积极性，同时也有利于改善和加强管理者与员工、员工与员工之间的关系。

(八)培训服务

培训服务是指企业将制订培训计划、办理报到注册、提供后勤支持、设计课程内容、选择讲师、确定时间表、进行设施管理、进行课程评价等核心管理活动外包出去的一种培训方式。它能使培训与开发活动以更低的费用、更好的管理、更佳的成本效益开展，并且责任更清晰。

(九)人力资源业务流程外包

人力资源业务流程外包(Business Process Outsourcing，BPO)是指企业为了降低成本、提升核心业务能力，而将支持性职能或核心业务流程中的某项任务的管理与执行责任转移给外部服务供应商的一种运营方式。人力资源业务流程外包服务涵盖了日常员工信息管理、员工自助、薪资计发、员工绩效管理、员工能力管理、员工培训管理、劳动人事政策咨询等。概括起来，人力资源业务流程外包包括人力资源信息系统外包、薪酬外包、人才管理外包、学习外包和招聘流程外包等服务领域。通过将人力资源业务流程外包，企业能降低正处于发展阶段企业的投资，显著提升人力资源职能部门的运营效率和管理水平，并快速获得投资回报，从而可以更加专注于自身的核心业务发展。

第二节 猎头服务概述

一、猎头服务的内涵

猎头(headhunting)原意是指美洲食人部落作战的时候把对方的头颅砍下来,为了炫耀将其挂在腰间的行为。猎头的含义几经变迁,不断丰富、演化为猎才、引智。第二次世界大战后,一些欧美国家派专门的公司帮他们从德国等战败国引进自己需要的优秀科学家,他们就像在丛林里狩猎一样寻觅人才,至此"猎头"一词正式定名,后来这个词被借用表示猎寻人才。我国《现代汉语词典(第7版)》中,"猎头"一词有两个含义:一是指受企业等委托为其物色、挖掘高级人才的工作,如猎头公司、猎头服务等;二是指从事这种工作的人,如人才猎头等。

2019年,我国国家质量监督检验检疫总局和国家标准化管理委员会对《高级人才寻访服务规范》进行了修订。猎头服务(headhunting service),即高级人才寻访服务(executive search service)。2019年新修订的《高级人才寻访服务规范》中将猎头服务定义为:根据客户对高级人才的需求,为其提供咨询、搜寻、甄选、评估、匹配、推荐、入职管理等一系列服务。我们要想理解猎头服务的内涵,应把握以下两点。

第一,猎头服务猎取的目标是高级人才。猎头服务与一般的招聘服务最明显的区别在于,一般的招聘服务是为单位招聘职位较低、需求量较大的基层职位,而猎头服务猎取的目标是高级人才。高级人才指的是具有丰富的专业知识、经验技能、创造力的高层管理人员和高级专业技术人员或其他稀缺人员。

第二,猎头服务不仅仅是搜寻。猎头服务包含咨询、搜寻、甄选、评估、匹配、推荐、入职管理等一系列活动。猎头服务不是简单的挖人墙角,然后把人才推荐给企业,而是在对企业全面了解的基础上,针对企业需求开展高级人才的搜寻、甄选、推荐等一系列活动。

二、猎头的发展演变

猎头是企业与人才之间的独特桥梁，其发展与生产力的发展、生产关系的不断调整与变迁密不可分。随着人力资本在信息时代的不断增值，猎头作为企业获取高端人才的重要途径，其价值也毋庸置疑地在增加。但猎头并不是在信息时代才出现的，它经历了长期的发展历程。

(一)猎头在中国的发展

中国流传着姜太公钓鱼、周公吐哺、伯乐相马、羊皮换相、月下追韩信、唯才是举、三顾茅庐等妇孺皆知、耳熟能详的古代人才典故，这说明中国自古就有着惜才爱才的传统。猎头也正是在这样的人才理念下萌发的。

1. 早期萌芽

猎头在中国早期的萌芽可以追溯到春秋战国时期。春秋战国时期诸侯混战，各诸侯王为了扩充本国势力，到处寻访能人贤士。倘若听说哪里有贤才将才，就会派出知识渊博、影响力大的士大夫进行游说，以将其纳入麾下。近代山西晋商发展壮大，山西各大商号为了找到优秀的大掌柜，会请当地知名人士帮忙引荐，既要给大掌柜身股，还要给引荐者酬谢。中国古代、近代的人才寻访、举荐的做法和制度都是中国猎头发展的早期萌芽。

2. 创立探索时期

20 世纪七八十年代，长三角的乡镇企业异军突起，为了加快发展，各企业高薪聘请上海企业已退休技术人才和管理人才到乡镇企业任职，委托亲朋好友、政府机构帮助寻找推荐合适的优秀人才。随着改革开放持续推进，中国猎头行业进入创立和探索时期，出现了一些本土的猎头公司。1992 年，新加坡的一家公司在沈阳维用科技公司组建了猎头部，标志着国内第一家猎头公司诞生。随着市场经济的发展，国外一些猎头机构纷纷在中国设立办事处，也推动了中国猎头机构的发展。这个时期，中国的猎头公司普遍规模较小、人数较少、操作流程不规范并且缺乏经验，处于"摸着石头过河"的探索时期。

3. 快速发展时期

2004 年以后，中国的猎头企业进入了快速发展时期。在经历了前期的探索和正式加入 WTO 后的低迷，这一时期的猎头企业努力转变业务经营方式，不断适应市场经济对猎头行业和猎头企业的要求，出现了蓬勃发展的局面。据相关报告统计，2004 年全球前 20 的猎头公司总体收入超过了 25 亿美元；到 2005 年，全球 15 家顶级猎头公司的办事处数量已经比 1992 年增长了 48%(从开始的 461 家增加到了 684 家)，而且在机构增长数最高的城市中，我国的上海和北京分别排第 2 位和第 4 位。

4. 规范成熟时期

2010 年以后，我国的猎头服务开始走向成熟。2010 年 9 月 2 日，我国第一个人力资源服务业国家标准《高级人才寻访服务规范》出台，并于 2011 年 1 月 1 日起实施。此国家标准的发布实施，标志着猎头服务成为一个社会认可的行业。此外，地方标准和行业自律标准相继出台，共同促进了猎头行业的规范发展。

(二)猎头在国外的发展

现代猎头最早出现在美国。美国迪克·迪兰人才搜索公司是全球第一家猎头公司，诞生于 1926 年。第二次世界大战后期，美国组建了一支特殊部队"阿尔索斯突击队"，并将其秘密派往德国，通过种种努力将德国许多著名科学家猎取到美国，其中包括著名的原子能专家奥托·哈恩(Otto Hahn)和火箭专家沃纳·冯·布劳恩(Wernher von Braun)。

随着经济全球化进程的加快，企业对高级人才的需求猛增，对高级人才的争夺也不断加剧。猎头公司正是在此背景下开始迅猛发展，经营规模不断扩大。20 世纪 60 年代，美国猎头公司通过重组、并购、联合，形成了庞大的猎头行业体系，建立了完善的行业规范，也形成了合理的运行规则。

全球经济竞争加剧，人力资源特别是高级人力资源作为企业竞争的关键因素，对企业竞争力具有决定性作用。猎头企业成为企业寻求高级人才的有效渠道，其数量增长速度平均能达到每年 10%以上。

阅读材料

全球顶尖猎头公司如表 1.1 所示。

表 1.1　全球顶尖猎头公司

公司名称	公司简介
光辉国际咨询顾问公司 (Korn Ferry International)	成立于 1969 年，是一家全球化的组织咨询公司，全球较大的猎头公司之一，提供全方位人才解决方案，专门从事优化组织结构、岗位和职责、招聘和人才发展等方面的工作，覆盖高管搜寻、领导力咨询和人才管理服务，客户包括众多世界 500 强企业。其特色在于结合心理学评估工具与猎头服务
海德思哲国际有限公司 (Heidrick & Struggles)	成立于 1953 年，全球"五大"猎头公司之一，以"九步流程法"著称，是一家全球领先的高管猎头公司，专门为全球各行各业的客户提供高管猎头和招聘服务，其客户覆盖金融、科技、医疗等多个领域，尤其擅长跨国企业的高管匹配
米高蒲志咨询公司 (Michael Page International)	成立于 1976 年，是一家全球领先的人力资源公司，专门从事中高端职位的招聘和人才搜索，业务覆盖 35 个国家，擅长金融、法律和工程技术领域，以快速响应和精准匹配著称
亿康先达国际人力资源咨询有限公司 (EgonZehnder)	成立于 1964 年，专注于为客户提供高端人才招聘和领导力发展服务，在全球拥有超过 100 个办事处，凭借其专业的咨询团队和严谨的招聘流程，帮助企业在关键职位上招聘到优秀的人才。其服务领域广泛，涵盖科技、金融、医疗等多个行业，致力于帮助企业建立强大的领导团队
史宾沙管理顾问咨询公司 (Spencer Stuart Consultants)	成立于 1956 年，是一家全球领先的高级人才搜索公司，专门为企业、非营利组织和政府机构提供高管猎头和招聘服务业务，标准化程度高，尤其擅长消费品、金融和科技行业的高管搜寻
瀚纳仕人才管理咨询有限公司 (HAYS)	成立于 2003 年，前身可追溯至 1867 年，是一家全球领先的高级人才搜索公司，也是英国最大的猎头公司，在全球猎头行业中也有出色的业绩，专门为科技、医疗和工业领域的客户提供服务
科锐国际人力资源股份有限公司 (Career International)	成立于 1996 年，我国首家 A 股上市的人力资源服务企业，以技术驱动的整体人才解决方案服务商，专注中高端人才寻访和灵活用工，近年来通过 AI 大模型提升匹配效率，服务覆盖全球 100 多个分支机构

三、猎头服务的基本流程

现代猎头服务机构有着规范的服务流程。猎头在寻访猎取高级人才的过程中，应该按照规范的流程进行操作。

猎头服务的基本流程包括：接受客户委托、需求分析、签订服务协议、确定寻访计划、实施寻访、协助客户录用、资料归档和后续服务八个基本环节，如图 1.1 所示。

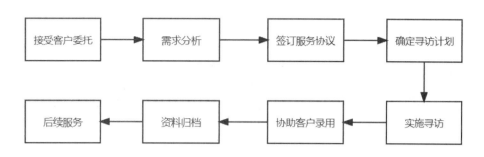

图 1.1　猎头服务的基本流程

(一)接受客户委托

接受客户委托是猎头服务的第一个环节。在此环节，猎头服务机构要查验客户的法人营业执照或其他相关资质证书，并与客户就需求职位说明书、拟录用人员条件等信息资料达成一致意见。

(二)需求分析

需求分析的目的是准确把握客户的情况和要求，以便更好地满足客户对高级人才的职位需求。这一环节要了解分析的信息主要有三类：一是企业信息，包括客户背景、发展规模、经营状况、组织结构、人员构成、企业文化及发展规划等；二是任职资格，包括职位所需高级人才应具备的能力素质及性格特征等；三是职位条件，包括客户需求职位所能提供的工作条件、薪酬及福利待遇等。

(三)签订服务协议

猎头服务机构与客户签订服务协议。服务协议的内容应该包括双方的权利与义务、服务内容、试用期(保证期)、服务期限、服务费用与支付方式、违约责任等。

(四)确定寻访计划

猎头服务机构与客户协商共同确定寻访计划。寻访计划应包含对需求职位的理解、寻访目标、寻访渠道、工作进度等相关内容。

(五)实施寻访

实施寻访是猎头服务的关键环节。这一环节主要包括：甄选、面试及评价、确定候选人名单、出具评价报告、协助客户面试、沟通双方意愿、调查候选人背景、磋商录用条件等。

(1) 甄选：进行有针对性的寻访工作，初步筛选大致符合条件的候选人。

(2) 面试及评价：猎头顾问应对候选人进行现场或视频面试。猎头顾问应运用专业评价工具对候选人的性格倾向、管理能力、专业知识与技能、工作业绩、相对优势与劣势、离职原因、职业取向等相关要素进行评估，进一步了解候选人与职位的匹配度，遴选符合客户职位要求的候选人。

(3) 确定候选人名单：根据面试和评价结果，筛选符合职位需求的候选人。

(4) 出具评价报告：分别对候选人出具书面评价报告，并将候选人名单及评价报告等相关资料提交给客户，供客户选择。

(5) 协助客户面试：猎头顾问应协调客户与候选人之间的要求，安排客户面试候选人。

(6) 沟通双方意愿：猎头顾问应与客户及候选人充分沟通，了解双方意愿，并适当引导双方。

(7) 调查候选人背景：猎头顾问应对候选人进行背景调查，可根据职位特点或者需要进行特别调查，并将调查结果反馈给客户，辅助客户做录用决策。背景调查应依法开展，并注意保护候选人个人隐私。

(8) 磋商录用条件：在背景调查不影响录用的前提下，与客户和候选人进行录用条件磋商，包括候选人入职后的岗位名称、权责、薪酬结构、工作地点及工作方式等内容，协调双方达成共识。

(六)协助客户录用

与客户确定录用意向书并协助客户与候选人办理录用手续。录用意向书的内容应包含职位说明、工作地点、入职时间、薪酬体系、福利待遇等条款。

(七)资料归档

猎头服务机构应将开展高级人才寻访服务期间产生的资料进行整理归档,资料的保存期限不得低于5年。归档资料应包含但不限于:服务协议书、客户提交的资料、候选人的资料报告、评价报告书、访谈报告书、双方交流函件、项目总结等。

(八)后续服务

候选人录用入职及资料归档的完成并不意味着猎头服务的结束,猎头服务机构还要为客户提供后续服务。例如,在服务协议约定的试用期(保证期)内若候选人主动离职或不能胜任该工作,则服务机构应按寻访服务流程重新寻访候选人;猎头服务机构应与被录用人员保持联系,为其提供必要的咨询和指导服务;猎头服务机构还应与客户保持联系,及时了解客户对录用人员的评价。

第三节 猎头服务的作用、特点和原则

一、猎头服务的作用

在一个企业发展的过程中,人才短缺是企业发展的一大障碍,特别是高级人才的短缺,并且高级人才通常很难在一般的招聘会上流动。因此,猎头服务成了企业获取高级人才的最佳选择。猎头服务为企业高级人才的招聘带来更多便利。虽然企业人力资源部具有丰富的招聘经验和招聘渠道,但是猎头服务相对于企业人力资源部来说,在高级人才招聘上更具优势。

(一)猎头招聘保密性更强

招聘高级管理人员和高级技术人员,通常要求较高的保密性,特别是当该职位还有人员在岗时。因此,通过猎头服务机构寻访高级人才能够提高保密性,保持现有人员的稳定。

(二)猎头招聘范围更广泛、候选人更优秀

猎头服务机构通常对各大行业都有较深的了解，甚至有些猎头服务机构只专注于某几个行业或领域，并建立了庞大的人才库。因此，它们在寻访高级人才时能够突破区域限制，将招聘范围拓展到全国甚至更广泛的区域。同时，猎头公司在开展寻访之前，对企业的情况和人才需求通常已经做了系统分析和深入解读，所推荐的候选人也更优秀，更能满足企业需求。

(三)猎头招聘更专业

猎头服务机构有着专业的人力资源管理知识和现代人力资源管理理念，对客户的业务领域有深入的研究，能够帮助客户准确地评估所招职位。同时猎头服务机构能结合掌握的行业数据，利用丰富的职业经验、科学的技术和专业的方法，提出合理选用候选人的建议。

(四)猎头招聘总成本更低

猎头服务机构一般会根据所招聘职位年薪的一定比例收取佣金，通常佣金比例在所招职位年薪的 30%左右。佣金比例看起来要比通常的人力资源招聘费用高很多。但是，相比人才市场招聘、媒体广告或网络招聘高级人才而言，猎头招聘节约了大量的搜寻成本和时间成本，从总体来看，猎头招聘高级人才总成本反而更低。

二、猎头服务的特点

猎头服务不同于一般的招聘服务，它在招聘对象、服务方式、收费方式等方面都独具特点。

(一)招聘对象

猎头服务招聘的对象是高端人才，而一般的招聘服务的招聘对象是行业通用人才或普通人才。

(二)服务方式

猎头服务通常是根据客户实际情况和岗位需求,量身打造寻访计划并按照寻访计划开展高级人才寻访、测评、推荐、协助录用等一系列主动的顾问式活动。而一般的招聘服务主要是根据客户需求,发布招聘信息和提供招聘渠道、安排考核内容等,利用现有资源进行简单的撮合服务。

(三)收费方式

在收费方式方面,猎头服务是向用人单位收费,服务费一般根据所寻访的高级人才岗位年薪的一定比例确定,费用较高。一般的招聘服务既有可能向需要发布招聘需求的用人单位收费,又有可能向发布求职意向的个人收费;目前,更多的是向用人单位收费,收费标准一般根据使用信息发布渠道的时间长短、发布岗位数量、获取简历数量等标准收费,但整体费用一般不高。

三、猎头服务的原则

(一)保密原则

在猎头服务的过程中,猎头服务机构对企业的商业秘密和人才的隐私有保密的义务,不得向第三方泄露这些信息。在未经企业或人才许可的情况下,不能对外披露寻访过程或者客户的内幕消息。

猎头服务聚焦于为企业客户提供中高端核心岗位的人才招聘,服务过程中会涉及企业客户的商业信息,包括但不仅限于公司的战略方向、组织架构、薪酬福利及激励政策等;同时也会在寻访人才时涉及个人的信息,包括但不限于私人联系方式、薪酬情况、个人期望、离职原因等。猎头顾问必须同时对企业和个人的这些信息尽到保密的义务,不得透露给第三方。

此外,企业对高管职位的寻访通常需要秘密进行。猎头顾问在安排候选人和客户见面前,不能将客户的名字甚至职位等具体信息透露给候选人。同时,如果候选人要求对其信息进行保密,则在推荐这个候选人时也要隐藏候选人的姓名、联系方式及其最近任职公司名称。

保密原则是猎头服务的最基本原则。履行保密义务也是猎头顾问最基本的职业操守。

(二)定制原则

定制原则是指猎头服务机构制定的寻访方案,不是标准方案或格式文本,而是结合客户的战略规划、企业文化、经营状况、岗位需求等信息进行量身定制的方案。

(三)"一对一"原则

猎头服务机构在向客户提供候选人资料时要遵循"一对一"原则,即候选人的推荐报告,只能向一个客户推荐,不能将一个候选人的资料同时向两个或多个客户推荐,以避免多个客户同时选中同一个候选人的情况。

(四)全流程原则

猎头服务是一个完整的高级人才招聘过程,从签订服务协议开始,到协助录用管理,直到入职之后也还要继续提供跟踪服务。在猎头服务协议的有效期内,若候选人解约,猎头服务机构必须重新为客户进行人才寻访和推荐。

(五)双向服务原则

猎头公司虽然是为企业提供人才招聘服务,严格来讲是 To B(面向企业)的服务,但是在实际操作中,猎头顾问却肩负着同时为企业客户和高端人才提供招聘服务和在整个过程中进行协调、跟进和推动的责任,是一个提供双向服务的角色,要让企业和人才双方都能感受到高质量的服务给予他们的价值,否则作为中间人,单边的服务缺失也会造成交易的失败。

(六)诚信不欺诈原则

猎头公司在为企业和人才服务的过程中,必须在自己的权力范围内确保给到客户的候选人信息是真实的，确保给到候选人的客户及岗位信息是真实的。在信息真实对等的基础上让双方公正地匹配适合性，猎头公司和猎头顾问的任何隐瞒行为，甚至伙同一方作假都是严重违反职业道德的行为，须严令禁止；对于恶意作假作为，猎头公司和猎头顾问还可能承担法律责任和赔偿损失。

(七)促进公平就业的原则

猎头顾问在服务客户和人才的过程中，应该以第三方公正、公平且专业的态度服务双方。尽管服务对象双方会存在一些偏好，但是猎头顾问必须遵守劳动法规和候选人权益保护原则，不得出现任何形式的歧视行为。

本 章 小 结

1. 人力资源服务的内涵。人力资源服务是组织将自身的人力资源管理和开发相关活动的部分或者全部交由第三方提供，由其通过专业化手段实施的外部化过程。

2. 人力资源服务的属性。人力资源服务具有社会性和经济性两种属性。

3. 人力资源服务业的特征。人力资源服务业具有产业经济发展的一般规律和其自身特征，具体体现在产业依附性、区域发展不平衡性和发展周期性等特征。随着大数据和人工智能技术的发展，人力资源服务业也展现出数字化融合和产业生态化等新的时代特征。

4. 人力资源服务的主要内容。人力资源服务的内容广泛，涵盖了人力资源管理的各项工作，其核心是实现人力资源合理、有效的配置，促进人力资源管理价值的提升。具体来看，目前人力资源服务的主要内容包含九个方面：人力资源管理咨询服务、招聘服务、高级人才寻访、人才测评、劳务派遣、薪酬服务、福利服务、培训服务和人力资源业务流程外包等。

5. 猎头服务的定义。猎头服务(headhunting service)，即高级人才寻访服务(executive search service)。2019年新修订的《高级人才寻访服务规范》中将猎头服务定义为：根据客户对高级人才的需求，为其提供咨询、搜寻、甄选、评估、匹配、推荐、入职管理等一系列服务。要想理解猎头服务的内涵，应把握以下两点：猎头服务猎取的目标是高级人才；猎头服务包含咨询、搜寻、甄选、评估、匹配、推荐、入职管理等一系列活动。

6. 猎头服务的基本流程包括：接受客户委托、需求分析、签订服务协议、确定寻访计划、实施寻访、协助客户录用、资料归档和后续服务八个基本环节。

7. 猎头服务的作用。猎头服务是企业获取高级人才的最佳选择。猎头服务为企业高级人才的招聘带来了更多便利，在高级人才招聘上独具优势。猎头服务对企业的重要作用有：①猎头招聘保密性更强；②猎头招聘范围更广泛、候选人更优秀；③猎头招聘更专业；④猎头招聘总成本更低。

8. 猎头服务的特点。猎头服务招聘的对象是高端人才；猎头服务方式是根据客户实际情况和岗位需求，量身打造寻访计划并按照寻访计划开展活动；猎头服务是向用人单位收费，费用较高。

9. 猎头服务的原则有：①保密原则；②定制原则；③"一对一"原则；④全流程原则；⑤双向服务原则；⑥诚信不欺诈原则；⑦促进公平就业的原则。

课后思考题

1. 简述人力资源服务的主要内容。

2. 简述猎头服务的基本流程。

3. 简述猎头服务的作用和特点。

4. 简述猎头服务的原则。

案例与讨论

H 猎头公司的猎头服务流程

A 公司因业务发展需要,决定向外界招募 5 名具有丰富工作经验和专业技能的人才,并将这一招聘工作交给了 H 猎头公司。H 猎头公司根据 A 公司的需求,制定了一个具有针对性的服务流程。

(一)确定目标客户群体

在招募人才之前,猎头公司首先要明确目标客户群体。考虑到 A 公司的业务特点和发展方向,H 猎头公司将 A 公司定位为在互联网、金融、房地产等行业具有领先地位的企业,并确定符合需求的候选人应是在目标行业内具有丰富经验和优秀业绩的人才。

(二)了解候选人信息

为了找到最适合 A 公司需求的候选人,猎头公司需要对候选人进行全面的了解。在收集候选人信息时,猎头公司需要了解候选人的职业背景、专业技能、工作经历、教育背景等信息,并建立详细的候选人档案。此外,猎头公司还需要通过面试、电话沟通等方式了解候选人的性格特点、工作风格、职业规划等方面的信息。

(三)推荐适合岗位的候选人

在了解候选人的信息后,猎头公司需要根据 A 公司的需求,筛选最符合条件的候选人进行推荐。在推荐过程中,猎头公司需要与候选人沟通 A 公司的详细情况,了解候选人对 A 公司的看法和期望,并根据候选人的意见和建议对推荐方案进行调整。

(四)协议及薪资谈判

在确定候选人后,猎头公司需要与候选人进行协议和薪资谈判。在谈判过程中,猎头公司需要充分了解候选人的期望薪资和福利待遇,并与 A 公司进行沟通,确保候选人在薪资和福利待遇方面得到满足。同时,猎头公司还需要与 A 公司就服务协议的具体内容进行谈判，明确双方的权利和义务。

(五)服务结束

在候选人正式入职后，猎头公司的服务流程结束。在服务结束之后，猎头公司需要向候选人提供相关的入职指导和职业规划建议，并与候选人保持良好的沟通和联系。此外，猎头公司还需要向 A 公司提供候选人的详细信息和面试结果，并根据需要提供后续的招聘服务。

请根据上述案例回答以下问题。

1. H 猎头公司制定的整个服务流程有什么优点和不足之处？

2. 如何改进 H 猎头公司的服务流程？

知 识 拓 展

高级人才寻访服务规范(GB/T 25124—2019)

1. 范围

本标准规定了高级人才寻访服务的基本要求、服务内容、服务流程以及服务评价与改进要求。

本标准适用于高级人才寻访服务。

2. 术语和定义

下列术语和定义适用于本文件。

2.1 高级人才 executive

具有丰富专业知识、经验技能、创造力的高层管理人员和技术人员或其他稀缺人员。

2.2 高级人才寻访服务 executive search service

猎头服务 headhunting service

根据客户对高级人才的需要，为其提供咨询、搜寻、甄选、评估、匹配、推荐、入职管理等系列活动。

2.3　顾问 consultant

提供高级人才寻访服务的专业人员。

2.4　客户 client

采购高级人才寻访服务的各类机构。

2.5　候选人 candidate

根据客户要求被确定为寻访对象的高级人才。

2.6　从业人员 employee

从事高级人才寻访服务的各类工作人员。

3. 基本要求

3.1　服务机构

3.1.1　开展高级人才寻访服务的机构(以下简称服务机构)应依法取得经营许可。

3.1.2　服务机构应为顾问提供高级人才寻访服务相关专业技能培训。

3.1.3　服务机构和顾问应维护客户和候选人双方权益,不得泄露或违法使用所知悉的商业秘密和个人信息,遵守保密约定。

3.1.4　服务机构开展高级人才寻访服务时,不应涉及国家法律法规规定不得流动的人员。

3.2　从业人员

3.2.1　从业人员应具有较好的语言表达能力和沟通协调能力。

3.2.2　顾问应具备高级人才寻访服务的相关专业知识及咨询经验和能力。

3.3　服务环境

3.3.1　服务机构应配备必要的办公与通信设备。

3.3.2　服务机构应建立高级人才寻访服务客户数据库和人才数据库。数据库应及时充实和更新。

4. 服务内容

高级人才寻访服务应包括根据客户对高级人才的需求,确定寻访计划,开展候选人遴选匹配并推荐候选人,辅助客户面试、签订录用意向确认书,提供后续服务等。

5. 服务流程

5.1　要求

服务机构应按照本章的服务流程要求开展高级人才寻访服务。

5.2　接受客户委托

5.2.1　查验客户法人营业执照或相关资质证书。

5.2.2　与客户就需求职位说明书、拟录用人员条件等信息资料达成一致意见。

5.3　需求分析

5.3.1　了解分析客户背景、规模、经营情况、组织结构、人员构成、企业文化及发展规划等信息。

5.3.2　了解分析职位所需高级人才应具备的能力素质及性格特征等。

5.3.3　了解分析客户需求职位所能提供的工作条件、薪酬及福利待遇等内容。

5.4　签订服务协议

与客户签订服务协议。服务协议的内容应包括双方的权利与义务、服务内容、试用期(保证期)、服务期限、服务费用与支付方式、违约责任等。

5.5　确定寻访计划

与客户协商并共同确定寻访计划。寻访计划应包含对需求职位的理解、寻访目标、寻访渠道、工作进度等相关内容。

5.6　实施寻访

5.6.1　甄选

进行有针对性的寻访工作，初步筛选基本符合条件的候选人。

5.6.2　面试及评价

5.6.2.1　顾问应对候选人进行现场或视频面试。

5.6.2.2　顾问应运用专业评价工具对候选人的性格倾向、管理能力、专业知识与技能、工作业绩、相对优势与劣势、离职原因、职业取向等相关要素进行评估，进一步了解候选人与职位的匹配性，遴选出符合客户职位要求的候选人。

5.6.3　确定候选人名单

根据面试和评价结果，筛选出符合职位需求的候选人。

5.6.4　出具评价报告

分别对候选人出具书面评价报告,并将候选人名单及评价报告等相关资料提交给客户,供客户选择。评价报的内容应包括但不限于:

a. 个人基本情况;

b. 教育背景;

c. 工作经历;

d. 职业现状;

e. 管理能力;

f. 专业能力;

g. 性格特征;

h. 薪酬状况;

i. 职位匹配度;

j. 录用风险提示;

k. 结论(总体匹配度)。

5.6.5 协助客户面试

顾问应协调客户与候选人的要求,安排客户面试候选人。

5.6.6 沟通双方意愿

顾问应与客户及候选人充分沟通,了解双方意愿,并适当引导。

5.6.7 候选人背景调查

顾问应对候选人进行背景调查,可根据职位特点或需要进行特别调查,并将调查结果反馈给客户,辅助客户做录用决策。背景调查应依法开展,并注意保护候选人个人隐私。

5.6.8 录用条件磋商

在背景调查不影响录用的前提下,与客户和候选人进行录用条件磋商,包括候选人入职后的岗位名称、权责、薪酬结构、工作地点及工作方式等内容,协调双方达成共识。

5.7 协助客户录用

与客户确定录用意向书并协助客户与候选人办理录用手续。录用意向书应包含职位说明、工作地点、入职时间、薪酬体系、福利待遇等条款。

5.8 资料归档

服务机构应将开展高级人才寻访服务期间产生的资料进行整理归档，保存期限不得低于 5 年。归档资料应包含但不限于下列内容：

a. 服务协议书；

b. 客户提交的资料；

c. 候选人的资料报告；

d. 评价报告书；

e. 访谈报告书；

f. 双方交流函件；

g. 项目总结。

5.9 后续服务

5.9.1 在服务协议约定的试用期(保证期)内由于候选人主动离职或不胜任的，服务机构应按寻访服务流程重新寻访候选人。

5.9.2 宜与被录用人员保持联系，为其提供必要的咨询和指导服务。

5.9.3 宜与客户保持联系，了解客户对录用人员的评价。

6. 服务评价与改进

6.1 应定期开展自我评价、服务对象评价并不断改进。

6.2 应及时了解客户和候选人对服务的意见和建议，妥善处理客户或候选人投诉。

6.3 应不断提出改进措施并加以实施，提高客户与候选人满意度。

微课资源

扫一扫，获取相关微课视频。

| 1.1 人力资源服务的概念、内涵与属性 | 1.2 人力资源服务业的特征和主要内容 | 1.3 猎头服务的内涵、演变和基本流程 | 1.4 猎头服务的作用、特点和原则 |

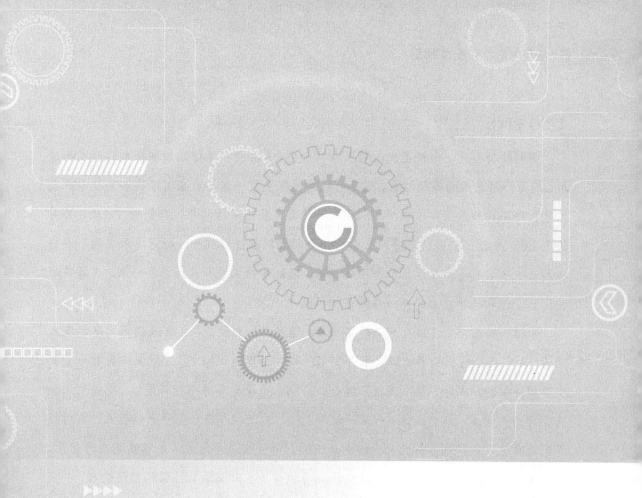

第二章　猎头项目管理

【学习目标】

通过对本章内容的学习，学生需要做到：

1. 了解项目管理的内涵和特点；

2. 熟悉猎头项目管理的特点和主要内容；

3. 掌握猎头项目管理的基本流程和方法；

4. 了解猎头项目管理的发展趋势。

【引导案例】

某科技公司是一家快速发展的互联网公司，专注于人工智能领域技术的研发与应用。随着公司业务的不断扩展，现有的技术团队急需一名具有丰富经验和高度专业能力的软件架构师来领导该技术团队，以推动公司技术架构的升级和创新。因此，公司决定委托 A 猎头公司协助寻找并引进合适的高级软件架构师。公司要求在两个月内找到至少 3 名具备十年以上软件架构经验、熟练掌握主流开发语言和框架、具备良好的团队管理和领导能力的高级软件架构师候选人。

A 猎头公司接受了这个猎头服务项目。通过与该科技公司 HR 及技术团队的深入沟通，A 猎头公司明确了招聘需求并制定了详细的职位说明书。A 猎头公司首先分析当前软件架构师人才市场状况，了解行业薪酬水平及竞争对手招聘策略；接着利用猎头公司的人才库、社交媒体、行业论坛等渠道，广泛搜寻符合条件的候选人；再对搜寻到的候选人进行初步筛选，通过电话沟通、邮件交流等方式，了解候选人的背景、经验及期望；最后两个月内就向该科技公司推荐了 5 名高级软件架构师候选人，并提供详细的候选人评估报告。A 猎头公司还协助该科技公司完成候选人的面试、评估及录用流程。经过严格的面试和评估，其中 3 名候选人成功被录用，并顺利加入该科技公司技术团队。新加入的软件架构师为该科技公司带来了先进的技术理念和管理经验，推动了公司技术架构的升级和创新。

思考： 如何才能专业高效地开展猎头服务工作，满足客户的需求？

随着市场竞争的加剧，企业对人才的需求越来越高，而猎头公司作为专业的人才招聘服务机构，承担着为企业提供高质量人才的责任。为了确保猎头项目的顺利进行，提高项目成功率，猎头公司需要对猎头项目进行有效的管理。本章从猎头项目管理基础、猎头项目管理应用、猎头项目管理面临的挑战和发展前景三个方面对猎头项目管理进行概述。

第一节　猎头项目管理基础

一、项目管理的基本内容

(一)项目管理的定义

项目管理是一种跨学科的实践,它通过规划、组织、指导、控制的系统管理方法,来实现特定的目标与期望。项目管理的核心在于确保项目按时、按预算和按质量标准完成。项目管理的实质就是关于"在复杂多变的环境中,做好一件事情"的理念和技术。

(二)项目管理的特点

项目管理有以下六大特点。

(1) 普遍性。项目管理的普遍性是项目作为一种一次性和独特性的社会活动而普遍存在于人类社会的各项活动之中,甚至可以说人类现有的各种物质文化成果最初都是通过项目的方式实现的。

(2) 目的性。项目管理的目的性是要通过开展项目管理活动去保证满足或超越项目有关各方面明确提出的项目目标或指标,同时满足项目有关各方面未明确规定的潜在需求和追求。

(3) 独特性。项目管理的独特性是项目管理不同于一般的企业生产服务运营管理,也不同于常规的行政管理,它有独特的管理对象,是一种完全不同的管理活动。

(4) 集成性。项目管理的集成性是项目管理中必须根据具体项目各要素或各专业之间的配置关系做好集成性的管理,而不能独立地开展项目各个要素或专业的管理。

(5) 创新性。项目管理的创新性包括两层含义,①项目管理是对于创新(项目所包含的创新之处)的管理，②任何一个项目的管理都不会是一成不变的模式和方法，都需要通过管理创新去实现对于具体项目的有效管理。

(6) 临时性。项目是一种临时性的任务，它要在有限的期限内完成。当项目的基本目标达成时项目就已经"寿终正寝"，但该项目的实施目标才刚刚开始发挥作用。

(三)项目管理的三要素

在项目管理中，时间、成本和质量是决定项目成败的三个关键要素。因此，在整个项目的管理过程中，需要对这三个要素进行控制。

(1) 时间。项目时间管理又叫项目进度管理，是在确保项目达到既定质量与预算的前提下，为能够按时、按期完成项目工作而开展的一系列活动和过程。项目的开始时间、完成时间及每个阶段的时间节点都需要计划。

(2) 成本。项目成本是项目进行过程中所产生的各种费用的综合。项目成本管理通过资源计划、成本估算、成本预算、成本控制等过程，确保项目在规定的预算内实现项目目标。

(3) 质量。项目质量管理要以实现质量目标要求或成果交付要求为导向，采用科学的思想、方法和原理对项目活动进行计划、控制、改进。要想确保项目能够实现既定的质量目标，满足客户的需求和期望，就需要不断地检查和改进。

二、猎头项目管理的定义和特点

(一)猎头项目管理的定义

猎头项目管理是指运用项目管理的基本原则、工具和技术，来指导、协调和控制猎头服务的各个环节，以实现高效、有序地完成人才搜索和招聘任务的过程。它结合了人力资源管理和项目管理的双重特点，旨在通过专业的项目规划、执行、监控和闭环，来满足客户企业在特定时间内对特定高级人才的需求。它涵盖了从接受客户委托开始，到成功招聘到合适人选为止的所有活动。这包括需求分析、人才搜索、候选人评估、面试安排、薪酬谈判、入职跟踪等各个环节。

在猎头行业中，项目管理不仅涉及内部流程的优化，还包括与客户的沟通管理、候选人的关系维护、市场变化的快速响应等多个方面。猎头项目管理强调目标导向和时间限制，需要在既定的时间内，按照预设的标准和条件，完成人才的筛选、评估和推荐等一系列服务。

(二)猎头项目管理的特点

1. 目标的明确性

设定明确的目标是猎头项目管理的基础，包括职位要求、预期的人才特质、时间期限和预算等。每个猎头项目通常都有一个清晰的目标，都是为了满足特定的招聘需求而设立的，且目标通常是量化且具体的。例如，为某企业寻找合适的 C 级高管或专业技术人才等。

2. 客户需求的多样性(专业性与定制化)

猎头项目管理需要根据不同客户的独特需求进行定制服务，涉及的行业、职位级别和文化背景可能千差万别。这要求猎头项目经理具备一定的灵活性和高度的适应能力，以能满足不同的客户需求。

3. 人才市场的动态性

猎头项目管理必须考虑人才市场的不断变化，包括行业趋势、技术发展和候选人的流动性。项目经理需要实时更新市场信息，以便有效地寻找和吸引合适的人才。

4. 跨功能、跨部门的协作性

猎头项目管理通常需要与客户公司的多个部门或团队成员合作，包括顾问团队、市场分析团队、客服团队等，以确保信息的流畅和服务的一致性，因此建立良好的沟通和协作机制至关重要。猎头顾问、HR 部门、招聘经理和其他利益相关者之间的协调是项目成功的关键。

5. 风险管理的重要性

猎头项目管理中存在诸多不确定性因素，如候选人的突然离职、市场条件的急剧变化等，因此有效的风险管理是确保项目成功的关键。

6. 关系管理的复杂性

除了内部团队的协作外，猎头项目管理还需要维护与客户、候选人之间的关系，处理好各方的期望和利益，确保服务质量和客户满意度。

7. 数据驱动决策

有效的猎头项目管理依赖于对大数据的分析和利用，主要包括市场发展趋势数据、岗位分析数据、人才库数据和历史招聘数据等，以支持决策的准确性。

三、猎头项目管理的主要内容

在当今这个高速发展且竞争激烈的商业环境中，猎头服务作为企业人才招聘的重要渠道之一，其运作效率和成功率至关重要。由于猎头服务本身的特点，项目管理的思维和方法在猎头服务中得到了广泛运用。项目管理作为一种成熟的管理工具和方法，对于提升猎头服务的质量和效率有着不可忽视的作用。猎头项目管理的主要内容有以下五个方面。

(一)项目规划与定位

猎头项目经理负责制定项目的产品定位及市场细分方向，这有助于明确猎头服务的目标和战略。有效的项目规划可以确保猎头服务与企业的人力资源战略规划紧密对接，为寻找合适的人才提供清晰的方向。

(二)团队建设与管理

猎头项目经理需要建立和管理一支高效的团队，并对团队的整体业绩负责。这不仅包括招聘团队成员，还包括对团队成员进行持续培训，以确保他们能够高效地执行猎头项目。

(三)项目执行与控制

猎头项目经理需要负责项目的执行和控制，包括项目进度的监控、质量的保证及效果的评估。这涉及候选人的搜寻、面试、评估和推荐等环节，是确保项目成功的关键部分。

(四)客户与候选人关系管理

猎头项目经理还需要维护与客户和候选人之间的关系，包括进行背景调查、薪酬谈判及候选人上岗后的跟踪服务。良好的关系管理能够提升客户满意度并为未来的合作夯实基础。

(五)使用招聘管理系统

引入招聘管理系统可以实现对多个渠道的统一管理，提高工作效率，减少重复工作，同时积累人才库以便未来进行人才挖掘。

综上所述，项目管理在猎头服务中发挥了重要作用，不仅提高了猎头服务的整体效率和质量，还帮助企业在激烈的市场竞争中保持优势。随着猎头行业的不断发展和变革，项目管理的重要性将进一步增强。

四、猎头项目管理的常用方法

(一)时间管理

猎头项目管理需要对时间进行有效的管理。这包括制定合理的项目时间表，以及确保项目按照时间表进行。同时，猎头顾问还需要合理安排自己的工作时间，提高工作效率。

(二)质量管理

猎头项目管理需要对质量进行严格的控制。这包括确保候选人的质量、面试和评估的公平性、合同谈判的合理性等。只有保证项目的质量，才能确保客户满意度，实现项目的成功。

(三)风险管理

猎头项目管理需要对风险进行有效的管理，这包括识别项目中可能存在的风险因素、制定相应的应对措施，以降低风险的影响。

(四)沟通管理

猎头项目管理需要对沟通进行有效的管理，这包括与客户、候选人、团队成员之间的沟通，以确保信息的准确传递，提高项目的执行效率。

(五)成本管理

猎头项目管理需要对成本进行有效的管理。这包括合理分配项目预算、控制项目成本和提高项目的经济效益。

总之，猎头项目管理是需要猎头顾问具备专业的知识和丰富的经验，通过运用项目管理的方法和技巧，来确保项目的顺利进行，为客户提供高质量的人才寻访和招聘服务。

第二节　猎头项目管理应用

在当今这个竞争激烈的商业环境中，人才的招聘与管理已经成为企业成功的关键因素。猎头行业作为连接企业和求职者的桥梁，其项目管理能力对于满足客户需求、提高服务质量和效率至关重要。

猎头服务作为专业招聘的一种方式，其项目管理过程复杂且具有一定的挑战性。一个优秀的项目管理者需要了解并精通整个猎头服务流程，从客户开发、候选人搜寻、面试协调到人才的最终入职和后续跟进。通过对项目的精心规划和管理，猎头服务能够为客户找到最合适的人才，同时也为候选人提供更好的职业发展机会。

猎头项目管理是确保猎头服务高效、高质量完成的关键。一个有效的猎头项目管理不仅涉及人才搜索、评估与推荐，更包括对整个流程的规划、执行与监控。猎头项目管理应用参照通用的《项目管理知识体系指南》的内容，将猎头项目管理应用划分为项目启动与策划、项目执行、项目监控与调整、项目收尾四个阶段。

一、项目启动与策划

在当今的商业环境中，企业的成功很大程度上取决于其能否招募和保留有才能的员工。一个有效的猎头项目策划是确保招聘成功的重要前提。猎头项目启动与策划是一个涉及市场分析、人才定位、客户开发、候选人评估和项目管理等多个环节的过程。启动与策划阶段，也是识别项目目标和范围的关键时期，猎头项目管理的成功与否往往在项目启动与策划阶段就已经埋下伏笔。

(一)项目需求分析

1. 客户需求分析

在猎头项目的启动阶段，首先要深入了解和分析客户公司的招聘需求，包括职位描述、期望的候选人资质、企业文化及其他特别的要求或偏好。这一步骤的准确性直接影响后续搜寻的方向和质量。这通常包括与客户公司的人力资源部门或招聘负责人进行多次沟通，明确以下关键点。

(1) 职位描述。职位描述包括职位的名称、职责、必备技能、期望经验等。

(2) 任职资格。了解客户对候选人的教育背景、工作经验、专业技能等方面的具体要求。

(3) 公司文化和价值观。猎头需要了解客户的企业文化，以便找到不仅技能匹配，而且能够融入企业文化的候选人。

(4) 期望薪资范围。明确客户对于该职位的预算范围，以便在后续的搜寻中进行有效的筛选。

2. 市场调研

了解了客户的需求后，猎头需要对相关行业和市场进行调研，以便更好地理解目标职位在市场上的供需情况。这主要包括以下三点。

(1) 行业趋势分析。定期收集和分析行业报告，了解行业动态、技术革新和潜在的市场机会，以预测对特定技能的需求。

(2) 薪酬和福利研究。研究同行业内相似职位的薪酬水平和福利待遇，帮助企业制定有竞争力的薪酬支付方案。

(3) 竞争对手情报。了解竞争对手的招聘动向，识别市场上的顶尖人才和潜在候选人。

3. 目标设定

(1) SMART 原则。确保招聘目标是具体的(specific)、可衡量的(measurable)、可实现的(achievable)、相关的(relevant)和时限性的(time-bound)。

(2) 期望管理。与企业沟通，设定合理的期望值和关键绩效指标(KPI)，避免因目标不切实际而影响项目的成功。

(3) 时间规划：根据企业的需求和市场情况，设定一个实际可行的时间表，并在此基础上规划各个阶段的目标。

4. 预算规划

预算规划是确保项目可持续性的基础。它涉及人力成本、市场营销费用、候选人评估工具的投资及其他潜在的旅行或培训费用。例如，若项目预算为 100 万元，其中 50%用于支付猎头团队的薪酬，30%用于市场活动和广告，剩余的 20%保留作为意外费用的储备。通过合理的预算规划，项目管理团队才可以确保资金得到合理分配，避免超支。

(二)项目计划制订

根据客户需求，还需要制订详细的项目计划和时间线，确定项目的目标、里程碑、时间表及预算，确保整个猎头流程的高效执行。项目计划还应包括风险评估与应对策略，确保能够灵活应对可能出现的问题。

1. 项目目标明确

根据需求分析结果，明确项目的短期目标和长期目标，以及达成目标的关键指标。在猎头项目成立的初期，其首要任务是确立清晰具体的项目目标。这些目标应涵盖客户的核心需求，例如招聘特定数量的候选人、搜寻特定行业或职能的人才、改善现有团队结构等。同时，预期成果需要定量化，如提高团队效率百分比、降低员工流失率的具体数值，或是在特定时间内完成招聘过程。

2. 项目进度安排

制定项目的时间表，明确各个阶段的起止时间、关键节点和里程碑。项目的时间表和里程碑是监控进度和质量的重要工具。一个有效的时间表不仅包括每个阶段的开始和结束日期，还应该包含关键任务的截止日期，如候选人的筛选、面试安排和入职流程等。例如，对于一个为期三个月的猎头项目，第一个月可能专注于市场调研和候选人筛选，第二个月需要进行面试和评估，第三个月需要完成最后的谈判和入职手续的办理。

3. 资源配置

根据项目任务和进度，合理分配人力、物力、财力等资源。

(1) 人员分配。根据项目规模和难度，安排足够数量且具备相关经验的猎头顾问参与项目。

(2) 预算规划。制订详细的预算计划，包括猎头费用、面试开销、旅行支出等，确保项目的财务可行性。

(3) 工具和技术。利用猎头软件、人才数据库和其他技术手段来提高搜寻效率和准确性。

(三)项目团队组建

在猎头行业中，一个高效运作的团队是成功交付项目的关键。良好的团队合作能够充分发挥各个成员的长处，提高工作效率，优化客户体验。

1. 团队建设

组织团队成员进行项目启动会议，确立团队目标、沟通机制和工作规范，增强团队合作精神。

2. 角色分配

根据项目需求，确定项目经理、猎头顾问、研究员、行政支持等角色，并明确各自职责。一个典型的猎头团队通常包括的团队成员有：团队领导、猎头顾问、研究员、行政支持和客户服务专员等。他们共同协作，确保整个招聘流程的顺利进行。

3. 技能培训

如果有需要，必须为团队成员提供相关的培训，提升整体工作效率。例如，专业猎头软件的使用方法培训、面试技巧培训、猎头技能培训、沟通协作培训等。

高效的猎头团队需要清晰的分工与合作机制，以通过各成员的共同努力实现业务目标。团队领导的战略规划、猎头顾问的专业执行、研究员的数据支持、行政人员的高效运作及客户服务专员的关系维护，共同促成一支猎头团队的成功。通过不断优化团队结构和提升协作效率，可以使猎头团队更好地服务于客户，发现并吸引更优秀的人才加入客户组织，从而促进客户业务的发展与增长。

二、项目执行

项目执行阶段是将计划付诸实践的过程，猎头顾问需要进行市场搜寻，筛选合适的候选人，并进行初步的面试和评估。执行猎头活动是项目实施阶段的核心，包括发布职位广告、筛选简历、初步电话面试、面对面的深入面试及候选人背景调查等。在这一阶段，猎头公司会利用其专业网络和数据库来识别合适的候选人。

(一)人才搜寻与筛选

在项目执行阶段，猎头顾问需要进行广泛的人才搜寻和筛选，包括利用各种渠道寻找合适的候选人，如内部数据库、外部数据库、社交网络等。同时，猎头顾问还需要对候选人进行初步筛选，确保其符合客户的需求和职位要求。

1. 搜寻渠道选择

根据项目需求，选择合适的人才搜寻渠道。例如，在线招聘平台、社交媒体、行业论坛、内部推荐等。同时，不断拓展新的搜寻渠道，以获取更丰富的人才资源。

2. 候选人初步筛选

对收集的简历进行初步筛选，剔除不符合要求的候选人。可以通过设置关键词、使用筛选软件等方式提高筛选效率。同时，保持与候选人的良好沟通，了解他们的求职意向和期望。

(二)面试与评估

1. 面试流程设计

猎头公司要设计合理的面试流程，确保面试的公平性和有效性。例如，电话初筛、现场面试、技能测试等。同时，还要制定面试评分标准，以便对候选人进行全面评估。

2. 评估标准制定

根据项目需求和客户期望，制定候选人评估标准。例如，工作经验、教育背景、技能水平、沟通能力等。在面试过程中，要严格按照评估标准进行评分，确保选拔最合适的人才。

3. 候选人筛选和评估

候选人的筛选和评估过程需要严格按照既定的标准和程序进行。这通常涉及多轮面试、技能测试和参考检查。例如，对于一位高级管理职位的候选人，猎头公司可能会设计一套包括案例分析、领导力评估和心理测评的综合评价体系。

4. 面试和选择候选人

面试和选择候选人是决定项目成败的关键环节。面试过程应由有经验的面试官进行，他们能够准确评估候选人的能力和潜力。在选择候选人时，除了考虑专业技能外，还应考虑其与企业文化的契合度。例如，一家强调创新和团队合作的公司可能会倾向于选择那些在团队协作和问题解决方面有突出表现的候选人。

(三)薪酬谈判与录用

1. 薪酬方案设计

根据市场行情和企业预算,设计合理的薪酬方案,具体包括基本工资、奖金、福利等。在谈判过程中,充分考虑候选人的期望和企业的成本控制,争取达成双方都满意的薪酬协议。

2. 录用流程管理

确保录用流程的合规性和顺利进行。例如,签订劳动合同、办理入职手续、组织员工培训等。同时,与候选人保持良好的沟通,确保他们顺利融入新的工作环境。

3. 客户沟通和反馈

与客户的持续沟通和反馈是确保项目满足客户需求的重要环节。在项目执行阶段,猎头顾问还需要与客户和候选人保持密切的沟通。猎头公司应及时更新客户关于招聘进度的信息,了解客户的需求变化、候选人的动态等,并征求他们对候选人的评价,确保项目的顺利进行。例如,为客户安排定期的电话会议或视频会议,以便及时讨论候选人的表现和招聘过程中的任何问题。这种透明的沟通方式有助于建立信任并确保项目顺利进行。

三、项目监控与调整

监控阶段与执行阶段并行,涉及对项目进度和质量的持续追踪,确保一切按照既定计划开展,并在必要时进行调整。

(一)设定关键绩效指标

为了有效监控项目进度和成效,必须设定明确的关键绩效指标(KPI)。这些指标可能包括招聘周期、候选人的质量、客户满意度及招聘成本等。例如,如果一个项目的 KPI 是减少招聘周期至平均 30 天内,那么项目经理就需要跟踪从发布职位到候选人接受 offer 的时间长度。

(二)定期报告项目进度

定期报告项目进度对于确保所有利益相关者的信息同步至关重要。这些报告应详细记录项目的当前状态、已完成的任务、即将到来的里程碑，以及任何潜在的问题或延误。例如，每周的报告可能包括过去一周内完成的面试数量、新接触的候选人数量及预计的下一步行动。

1. 进度跟踪与记录

定期跟踪项目的进度情况，及时记录各个阶段的实际完成情况。通过项目管理系统或报表等形式，向相关人员汇报项目进度，确保项目的顺利进行。

2. 偏差分析与处理

当项目出现偏差时，要及时分析，找出原因并采取相应的措施进行调整。例如，延长工作时间、增加人力资源、调整项目计划等。确保项目能够按照预定的目标和进度完成。

(三)风险管理和应对策略

风险管理是项目管理的一个关键组成部分。猎头项目可能面临的风险包括候选人拒绝 offer、关键职位的招聘难度大于预期或市场突发变化。为此，项目团队需要制定应对策略，如建立候选人储备池、调整招聘策略或增加预算以吸引更多候选人。例如，如果某个特定技能的市场供应量突然减少，那么猎头公司可能需要提前与培训机构合作，以加速内部人才的培养。

(四)项目评估和总结

项目结束时，进行全面的评估和总结是不可或缺的。这包括分析项目的成果与原始目标之间的差距、评估实施过程中的成功和失败之处以及提出改进建议。例如，通过对比实际招聘成本与预算的差异，项目团队可以了解成本控制的效果；通过客户的反馈，项目团队可以评估服务质量和候选人的表现。这些信息也将为未来的猎头项目提供宝贵的经验和改进方向。

四、项目收尾

项目收尾阶段的工作主要包含项目交付与后续跟进。

(一)完成项目交付

项目的成功交付是猎头服务的最终目标。这包括向客户提供所有必要的文档，如候选人的详细评估报告、面试记录和背景调查结果等。

1. 与客户沟通最终候选人名单

在项目交付过程中，与客户沟通最终确定的候选人名单是首要任务。这个流程通常是提供一个经过精心筛选的候选人名单，并附上详细的评估报告和推荐理由。例如，假设客户正在寻找一位市场营销总监，猎头顾问会提供一个包含三到五位候选人的名单，并详细说明每位候选人的营销成绩和领导能力，以及他们如何符合客户的具体要求。

2. 提供候选人的详细资料和评估报告

向客户提供候选人的详细资料和评估报告是确保透明度和信任度的关键步骤。这包括候选人的工作历史、教育背景、专业技能、薪酬期望，以及任何可能影响聘用决策的重要信息。例如，如果候选人曾在某个知名公司取得显著业绩，猎头顾问应提供具体案例和数据来彰显候选人的工作能力。

3. 协助客户进行最后的决定和选择

在客户进行最后决定和选择时，猎头顾问需要提供额外的协助和咨询。这可能包括安排最后的面试、提供薪酬谈判的建议或帮助解决任何最后的疑虑。例如，猎头顾问可以建议客户采用一种结构化的面试方法，以便更准确地评估候选人的能力和潜力。

4. 完成合同和聘用手续

一旦客户作出选择并决定聘用某位候选人，猎头顾问则需要协助完成所有的合同和聘用手续。这包括合同的起草、薪酬和福利的协商及任何必要的法律文件的准备。例如，猎头顾问可能需要与法律顾问合作，确保聘用合同中的每项条款和条件都符合当地的劳动法规，并且对双方都公平。

(二)项目交付后的支持

即使项目已经结束，猎头公司也应该继续提供对候选人的支持和服务。这可能包括帮助新员工适应工作坏境、解决入职初期的问题或提供职业发展的建议。

1. 提供入职辅导和支持

在候选人被成功聘用后，猎头公司应对候选人提供入职辅导和支持，以帮助他们在新环境中顺利过渡。这可能包括与候选人进行定期沟通，了解他们的适应情况，并提供必要的资源和建议。例如，猎头顾问可以为新员工准备一份详细的入职手册，其中包含公司文化、团队成员介绍、预期工作成果等信息。

2. 跟踪候选人的早期表现

跟踪候选人在新职位上的早期表现对于确保客户满意度至关重要。猎头顾问应在候选人入职后的最近几周内与客户进行沟通，收集反馈意见，并评估候选人的表现。例如，如果候选人在前三个月内达到了既定的业绩目标，猎头顾问应记录这些成果，并将其作为服务成功的案例。

3. 收集客户和候选人的反馈

收集客户和候选人的反馈有助于猎头公司持续改进服务质量。这包括询问客户对猎头服务的满意度、候选人的表现评价及对未来合作的建议。例如，猎头公司可能会设计一套包含量化和定性问题的调查问卷，以收集详细的反馈信息。

4. 解决可能出现的问题和挑战

即使项目已经交付，猎头顾问仍需准备好解决可能出现的问题和挑战。这可能包括协调客户和候选人之间的沟通、处理合同争议或协助解决工作中的困难。例如，如果客户对候选人的某些工作表现有疑虑，那么猎头顾问就需要及时介入，了解情况，并提出解决方案或替代选项。

(三)项目评估和总结

项目的经验和教训对于猎头公司的持续改进至关重要。猎头公司应该将每个项目的成功要素、遇到的挑战和解决方案都记录下来，以便作为未来工作中的参考。这些信息可以通过内部知识管理系统共享，帮助提升整个团队的能力。

1. 分析项目的成功和不足之处

项目完成后，猎头公司要进行全面的分析以确定项目的成功和不足之处是非常重要的。这包括评估招聘流程的效率、候选人的质量、客户满意度及其他未达到的目标。例如，如果一个项目在短短四周内成功招募了五名高级工程师，但是其中一名工程师在试用期结束后离职，那么猎头公司就需要分析离职原因并评估其对客户关系的影响。

2. 准备项目总结报告

准备一份详细的项目总结报告可以帮助猎头公司和客户回顾整个项目的历程。这份报告应该包括关键的里程碑、达成的目标、遇到的挑战及未来的推荐行动。例如，报告中可以专门讨论如何在未来的项目中改进候选人的筛选标准或提高面试流程的效率。

3. 向团队和管理层汇报

向参与项目的团队和管理层汇报是分享经验和知识的重要环节。这应该包括项目的成果展示、团队合作的亮点及任何值得学习的经验与教训。例如，猎头顾问可以在内部会议上展示一个案例研究，讲述如何在有限的预算内为一家初创企业吸引一位行业内的顶尖人才。

4. 存档项目资料和记录

存档所有相关的项目资料和记录作为未来的参考资源和合规性证据至关重要。这包括保存所有候选人的简历、沟通记录、面试评价及最终的聘用决策文件。例如，猎头公司可能会使用电子文档管理系统来分类存储每个项目的详细记录，并确保只有授权人员才能访问这些敏感信息。这些记录不仅有助于未来的项目规划，也为公司提供了宝贵的历史数据分析资源。

(四)后续服务和维护客户关系

项目完成后，进行客户满意度调查是评估服务质量和与客户建立长期合作关系的重要手段。这通常会通过问卷调查或个别访谈的形式进行，旨在收集客户对猎头服务的整体印象、响应速度、候选人匹配度等方面的反馈。

1. 定期检查和维护客户关系

即使项目已经结束，定期与客户保持联系也是维护长期合作关系的关键。这包括定期发送行业资讯、分享市场趋势报告或邀请客户参加专业研讨会。例如，猎头公司可以每季度安排一次电话会议或面对面会议，以了解客户的最新业务发展和未来的人才需求。

2. 提供行业动态和市场信息

为客户提供有价值的行业动态和市场信息可以增强猎头公司的专业形象和附加值。这通常会涉及编制定制的市场分析报告、提供竞争对手的招聘动态或预测即将出现的技能缺口。例如，猎头顾问可以为客户准备一份关于人工智能领域人才供需状况的研究报告，帮助客户把握行业发展脉络。

3. 探讨新的合作机会和项目

与客户探讨新的合作机会和项目是扩展业务和深化关系的良机。这可能包括提出新的招聘项目、领导力培训或员工职业发展规划服务。例如，如果客户的公司计划在新的地区开发市场，那么猎头顾问就可以提出帮助客户建立当地团队的提案。

4. 更新和维护候选人数据库

更新和维护候选人数据库对于保持猎头服务的高效性和准确性至关重要。这包括定期添加新的候选人信息、更新现有候选人的职业状态和联系方式。例如，猎头公司可能会每六个月进行一次数据库审核，确保所有候选人的信息都是最新的，并且根据客户的反馈调整筛选标准。通过这种方式，猎头公司能够快速响应市场变化，为客户提供最合适的人才解决方案。

第三节　猎头项目管理的发展趋势

在当今社会的商业环境中，猎头项目管理已经成为企业获取关键人才的重要途径。然而，猎头项目管理的挑战又是多方面的，涉及市场、技术、管理等多个层面。

一、猎头项目管理面临的挑战

(一)高度竞争的市场环境

随着全球化和互联网技术的发展，猎头行业的竞争愈发激烈。越来越多的猎头公司和个人顾问都在争夺有限的高端人才和客户资源，这就要求猎头项目经理必须具备出色的业务能力和竞争优势。

(二)人才市场的不断变化

随着行业的迅速发展，技术创新不断涌现，人才需求变化快速。猎头项目管理需要紧跟市场趋势，及时调整策略，寻找并吸引符合未来市场需求的人才。

(三)客户需求的多样性

客户对人才的需求千差万别，因此猎头顾问需要深入了解每个客户的独特需求，并提供量身定制的解决方案，这也对项目管理提出了更高的要求。

(四)候选人的期望日益提高

随着职场环境的演变，候选人对工作机会的期望也越来越高。猎头项目经理必须了解并满足候选人的职业发展要求，才能成功吸引和保留人才。

(五)技术的快速发展

大数据、人工智能等新技术的应用正在改变猎头行业的运作模式。猎头项目经理需要掌握这些新技术，以提高工作效率和准确性。

(六)遵守法规与道德规范

猎头服务涉及个人隐私和商业机密，因此遵守相关法规和维护职业道德至关重要。猎头项目经理必须确保所有活动都符合法律法规和道德规范。

二、猎头项目管理的发展前景

(一)市场需求持续增长

尽管经济一直波动，但对于优质人才的需求却始终存在。企业对能够迅速定位并吸引顶尖人才的专业猎头服务需求持续增长，这为猎头项目管理带来了更多机遇。

(二)专业服务的附加值提升

随着企业对人才战略的重视程度不断加深，对猎头服务的期待也从单一的人才推荐转变为提供全面的人力资源解决方案。猎头项目经理可以通过提供更深层次的咨询服务来提升附加值。

(三)全球化的机会与挑战

全球化为企业带来了跨国经营的机会，同时也增加了跨文化管理的挑战。具有国际视野的猎头项目经理能够帮助企业在全球范围内寻找合适的人才，具有很大的发展潜力。

(四)技术革新带来的新工具和平台

新兴的技术为猎头项目管理提供了更多先进的工具和平台。通过利用这些技术，猎头项目经理可以更有效地进行人才搜寻、评估和管理。

(五)个性化需求与细分市场的发展

随着市场的细分和个性化需求的增加,专注于特定行业或领域的猎头项目经理将有更大的成长空间。专业化的服务能够更好地满足客户的特殊需求。

(六)职业路径的多元化

对于猎头项目经理来说,职业发展路径变得更加多元化。除了在传统的猎头公司工作,他们还可以加入企业的内部招聘团队,或者成为独立顾问,甚至是创业者。

三、猎头项目管理的创新应用

猎头项目管理的创新和应用是一个涉及人才搜寻、评估、招聘和后续管理的过程。随着市场环境的变化和技术的进步,猎头行业也在不断地寻求创新,以提高效率、增强客户满意度并保持竞争力。

(一)数据分析和人工智能的应用

在猎头项目管理中,数据分析和人工智能技术可以帮助猎头公司更快地识别合适的候选人。通过分析大量的简历、工作表现数据和社交媒体信息,AI 算法可以预测候选人的工作表现和文化契合度,从而提高匹配的精确度。

(二)候选人关系管理系统

猎头公司正在采用先进的候选人关系管理系统来管理与候选人的互动。该系统可以跟踪候选人的职业发展、沟通历史和偏好,使猎头顾问能够提供更加个性化的服务,并在适当的时机推荐合适的职位。

(三)社交媒体和在线社区的利用

社交媒体和专业在线社区已经成为猎头寻找和接触潜在候选人的重要渠道。通过

LinkedIn、GitHub、Stack Overflow 等平台，猎头顾问可以直接与行业内的专业人士建立联系，了解他们的专业技能和职业兴趣。

(四)虚拟面试和远程评估

远程工作变得越来越普遍，猎头项目管理也适应了这一趋势。通过视频会议软件进行虚拟面试，不仅可以节省时间和成本，还可以扩大搜索范围，吸引全球各地的人才。猎头项目管理创新应用领域如表 2.1 所示。

表 2.1　猎头项目管理创新应用领域

创新应用领域	具体内容
数据分析和人工智能的应用	可以分析大量的简历、工作表现数据和社交媒体信息，而且 AI 算法还可以预测候选人的工作表现和文化契合度
候选人关系管理系统	跟踪候选人的职业发展、沟通历史和偏好，使猎头顾问能够提供更加个性化的服务，并在适当的时机推荐合适的职位
社交媒体和在线社区的利用	通过社交媒体和在线社区平台，猎头顾问可以直接与行业内的专业人士建立联系，了解他们的专业技能和职业兴趣
虚拟面试和远程评估	利用视频会议软件进行虚拟面试，不仅可以节省时间和成本，还可以扩大搜索范围，吸引全球各地的人才

猎头项目管理的创新和应用是猎头行业持续发展的关键。通过采用数据分析、人工智能、候选人关系管理系统、社交媒体、虚拟面试等技术，猎头公司可以提高服务的效率和质量，更好地满足客户的需求，并在竞争激烈的市场中保持领先地位。

猎头项目管理虽然面临诸多挑战，但随着经济的发展和企业对人才的重视，也拥有巨大的发展潜力。猎头公司和猎头顾问需要不断提升自身的专业能力、市场洞察力、技术运用能力及管理水平，同时保持灵活性和创新性，以应对这些挑战，为客户提供高质量的服务。

本 章 小 结

1. 项目管理是一种跨学科的实践,它通过规划、组织、指导、控制的系统管理方法,来实现特定的目标与期望。项目管理具有普遍性、目的性、独特性、集成性、创新性、临时性等特点。在项目管理中,时间、成本和质量是决定项目成败的三个关键要素。因此,在整个项目的管理过程中,需要对这三个要素进行控制。

2. 猎头项目管理是指运用项目管理的基本原则、工具和技术,来指导、协调和控制猎头服务的各个环节,以实现高效、有序地完成人才搜寻和招聘任务的过程。它结合了人力资源管理和项目管理的双重特点。

3. 猎头项目管理具有一般项目管理的基本特点,同时也有其独特之处。①目标的明确性;②客户需求的多样性(专业性与定制化);③人才市场的动态性;④跨功能、跨部门的协作性;⑤风险管理的重要性;⑥关系管理的复杂性;⑦数据驱动决策。

4. 猎头项目管理的主要内容有:①项目规划与定位:有效的项目规划可以确保猎头服务与企业的人力资源战略规划紧密对接,为寻找合适的人才提供清晰的方向。②团队建设与管理:猎头项目经理负责建立和管理猎头服务团队,确保他们能够高效地执行猎头项目。③项目执行与控制:猎头项目经理负责项目的执行和控制,包括项目进度的监控、质量的保证及效果的评估。④客户与候选人关系管理:猎头项目管理中需要维护与客户和候选人的关系,包括进行背景调查、薪酬谈判及候选人上岗后的跟踪服务。⑤使用招聘管理系统:引入招聘管理系统可以实现对多个渠道的统一管理,提高工作效率。

5. 猎头项目管理的常用方法有:时间管理、质量管理、风险管理、沟通管理和成本管理等。

6. 猎头项目管理应用参照通用的《项目管理知识体系指南》的内容，将猎头项目管理应用划分为项目启动与策划、项目执行、项目监控与调整、项目收尾四个阶段。

课后思考题

1. 简述猎头项目管理的定义和特点。
2. 简述猎头项目管理的基本流程。
3. 简述猎头项目管理的创新应用领域。
4. 简述猎头项目管理的发展前景。

案例与讨论

南京某医药科技公司，作为江苏省在新药研发领域的领军企业，致力于新药设计、药物合成、系统新药研究等多个前沿技术领域的研究与开发。随着公司业务的不断拓展，该公司对高层次研发人才的需求愈发迫切，因此决定通过尚贤达猎头公司寻找一位具备丰富经验和卓越能力的医药研发副总，项目周期为 25 个工作日，人选年薪+期权是 120 万元。

该医药研发副总的岗位职责主要是，在总经理的领导下统管研发部门的项目进展、研发进程、技术指导及攻关、人员管理、考核实施、效果评价、成本控制、安全环保等工作，并协同相关部门根据国内外市场变化对公司的研发方向、技术革新及产品提出合理化建议。

岗位要求：一是要有专业的研发能力；二是要及时掌握国内外医药行业前沿科技及成果，研究将其转化为公司实际产品的可能性；三是要有良好的管理能力；四是要能够有效组织研发团队考核。该岗位的其他要求：一是具有博士学历；二是有海外留学背景或海外大型药企工作经验；三是有 10 年以上团队管理经验。

尚贤达猎头公司首先对南京某医药科技公司的企业文化、发展战略、研发方向等进行了深入了解，并与公司高层进行了多次沟通，明确了医药研发副总这个岗位的核心职责和任职要求。基于岗位核心职责和任职要求，尚贤达猎头团队利用自身丰富的行业资源和人脉网络，开展了广泛的人才搜索。通过线上平台、行业会议、专业论坛等多种渠道，筛选了一批符合要求的候选人。猎头团队对筛选的候选人进行了深入的背景调查、专业能力评估及性格匹配度测试，确保所推荐的候选人不仅符合公司的任职要求，还能与公司文化相契合。经过严格的评估，猎头团队向南京某医药科技公司推荐了几位优秀的候选人。公司高层对候选人进行了面试，并对其中一位候选人的专业能力、管理经验和团队协作能力表示高度认可。

经过 25 个工作日紧张而有序的工作，尚贤达猎头公司成功为南京某医药科技公司寻找到一位符合要求的医药研发副总。该人选年薪+期权达到 120 万元，目前已成功上岗并顺利融入公司团队，为公司的研发工作注入了新的活力。

(资料来源：https://baijiahao.baidu.com/s?id=1793000486230201967&wfr=spider&for=pc.略作修改)

请根据上述案例回答以下问题。

尚贤达猎头公司医药研发副总猎头项目成功的要素有哪些？

 微课资源

扫一扫，获取相关微课视频。

2.1 客户开拓与识别

2.2 客户需求分析及关系管理

2.3 谈判与签约

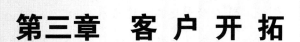

第三章　客　户　开　拓

【学习目标】

通过对本章内容的学习，学生需要做到：

1. 了解猎头客户识别与开拓的技巧；

2. 了解猎头客户需求分析和关系管理的方法；

3. 理解猎头客户谈判及签约的基本流程和技巧。

【引导案例】

猎头顾问李依可经客户转介绍准备开拓目标客户 A 公司。A 公司隶属于××集团，该集团自 2002 年涉足母婴用品行业至今，市场渠道遍布全国各地，品牌认知度和接受度日趋见长。公司以××品牌纸尿片作为明星产品，其他产品包括卫生巾、消毒湿巾等母婴用品。目前，公司一共拥有 20 多个系列 1 000 多个品种，年生产值可达 25 亿片的产能。公司总部位于广州，研产销于一体，在广东、福建、湖南均有生产基地。××集团下属 A 公司，主要负责集团产品线下渠道整体营销业务。A 公司通过了 ISO 9001 质量管理体系认证、ISO 14001 环境管理体系认证、ISO 18001 职业健康安全管理体系认证，是行业重点扶持企业。公司曾获国家工商总局中国驰名商标认定、国家高新技术企业、明星纳税企业等荣誉称号。

李依可已经与 A 公司的招聘专员钟莉莉进行了初步沟通，了解到 A 公司现在正在招聘电商运营类的管理岗位。钟莉莉表示，如果李依可所在公司有一定的候选人资源优势，可以考虑再增加猎头供应商。李依可的目标是挖掘客户需求，协调公司资源优势，与 A 公司建立合作关系。

老客户介绍李依可认识了 A 公司招聘专员钟莉莉，A 公司主要负责集团产品线下渠道整体营销业务，这是李依可所在猎头公司擅长的领域。熟识钟莉莉后，李依可从钟莉莉处得知，A 公司曾与一家猎头公司合作，虽然人力资源经理艾薇认为与猎头公司合作的方式能帮 A 公司解决招聘问题，但总经理易温因之前合作效果不好却还要预付费用而决定中止和该猎头公司的合作。A 公司现在还有多个中高管职位空缺，一直没有招到合适的人。这是李依可第二次拜访 A 公司，这次拜访的目的是打动客户，证明自己所在的猎头公司的优势及价值，推动合作。

(资料来源：李葆华. 现代猎头实务实训教程：初级[M]. 广州：中山大学出版社，2022. 略有改动)

思考： 如何进行猎头客户开拓?

第一节　客户识别与开拓

客户是指愿意购买产品或服务的个人或组织。客户不单单是指产品或服务的最终接受者或使用者，它既包括那些能够为企业带来直接利润的直接客户，又包括不能直接为企业带来利润的间接客户。客户一般由企业专门提供服务，并在企业存有相关的信息资料，特别是服务行业的企业，会将客户的信息资料建成数据库，以便满足客户需求和自身业务的长远发展。

对于猎头服务企业而言，它的客户从广义上来看，既包括那些愿意接受猎头服务，为其搜寻高级人才的组织，又包括猎头服务企业的搜寻对象——高级人才。

本章所讲的客户开拓指的是猎头服务企业的直接客户，即愿意接受猎头服务的组织。

一、客户管理概述

根据不同的角度划分，客户的类型是有所不同的。从销售的角度来划分，客户可分为经济型客户、道德型客户、个性化客户和方便型客户四种类型；从客户交易的现状划分，客户可分为现实客户和潜在客户；按交易时间序列划分，客户可分为老客户和新客户；按照客户生命周期划分，客户可分为潜在客户、有意客户、现实客户和历史客户。

对于不同类型的客户，应该采取不同的管理措施和策略，这样才能最大限度地实现收入和价值。客户管理就是把握客户需求特征与行为偏好，有针对性地为客户提供产品或服务，发展和管理与客户之间的关系，从而培养客户的长期忠诚度，以实现客户价值最大化和企业收益最大化之间的平衡的一种经营战略。客户管理主要包括营销过程管理、客户状态管理和客户成本管理等。

客户管理首先是对客户进行识别和选择，其基本流程包括客户信息资料收集、客户信息分析、客户信息交流与反馈管理、客户服务管理、客户时间管理等，如图3.1所示。

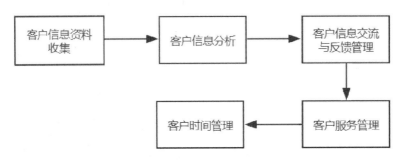

图3.1　客户管理的基本流程

(一)客户的选择

在竞争激烈的买方市场条件下，一般而言，客户可以自由选择由哪家企业来为其提供产品或服务。但是，从另一个角度来看，即使是在买方占主导地位的环境中，企业仍然应当主动去选择自己的客户。

1. 选择客户的原因

(1) 选择客户是明晰企业定位的有效方式。企业主动选择特定客户，明确客户定位，能够树立鲜明的企业形象，避免客户对企业产生模糊不清的印象。这种化被动为主动的方式，有利于打造企业在特定领域的专家形象，很好地为客户提供恰当的、专业的服务，同时也体现了企业的个性和尊严。

(2) 企业的客户并非所有的购买者。由于客户需求的差异性、企业自身资源(包括人力、财力、物力、时间等)的有限性、竞争者的存在，并不是市场上所有的购买者都会成为企业的客户。因此，企业有必要对客户进行选择，以便最有效地利用自身的资源，避免资源浪费。

(3) 并非所有客户都能为企业带来收益。客户的数量并不是衡量企业获利能力的唯一指标，客户的质量在一定程度上超过了客户数量的重要性。客户本身存在差异，有的客户可能是"麻烦制造者"，甚至会给企业带来负面风险，破坏经营氛围、提出不合理要求等，无论企业如何努力都无法令他们满意，有的甚至会给企业带来违约风险、信用风险等。

2. 选择客户的基本思路

企业确定自身的发展战略和客户定位后，根据自身特点、市场和竞争状况来选择客户，具体可以参考以下思路。

(1) 选择定位一致且实力相当的客户。企业要根据自身的定位和目标，选择与企业定位一致的客户。通过为这些客户提供产品或服务，实现自身定位和经营目标。同时，企业还要选择与自身实力相当的"好客户"。这个"好客户"通常需要满足以下三个条件。①与企业实力相当。选择与企业实力和规模相匹配的客户，只有双方能够相互制衡，才具有合作的基础。若是勉强匹配或者与实力过于悬殊的大客户建立关系，则会因企业服务的能力不足而难以满足客户的需求，最终造成服务成本高，维系关系难度大的结果。②客户购买产品或服务的意愿强烈，且财务状况良好。③服务成本较低，且愿意与企业建立长期的合作关系。

(2) 选择有潜力的客户。选择客户时不能只看企业规模，大企业未必是"好客户"，而小企业也未必是"坏客户"。选择客户要综合考虑客户的成长性、信誉、竞争力等因素，有些企业即使当前规模不大也仍然可能具有长期发展空间。

(3) 选择与"老客户"有相似特征的客户。通常来说，没有任何一个企业能满足所有客户的需求，但是企业的"老客户"一般会比较认同企业的产品或服务，具有一定的忠诚度。企业在选择客户时如果能满足与"老客户"有相似特征的客户需求，更容易建立和维持客户关系。

3. 客户选择的影响因素

影响客户选择的因素主要有内部和外部两类因素，具体来看，包括产品性质、目标市场或区域、竞争对手、企业战略、成本与企业资源等。

(1) 产品性质。产品性质主要指的是企业的产品是工业品、消费品还是服务类产品。由于产品性质和用途的不同，其客户也会有所不同。

(2) 目标市场或区域。不同的目标市场或区域的消费群体、经济发展情况、产业特点都不尽相同。因此，若企业的目标市场和区域不同，则其客户也会有所不同。

(3) 竞争对手。竞争对手是在某行业或领域中，与企业有相同或相似的资源，提供类似的产品或服务，其行为会给企业带来一定影响的组织。因此，竞争对手的渠道策略、营销策略、目标市场选择等都会影响企业的客户选择。

(4) 企业战略。不同的企业在竞争、营销、品牌、人才等方面的战略都各不相同，不同的战略选择会带来不同的行动方案，因此在选择客户时要以企业战略为指引，为实现企业战略目标服务。

(5) 成本与企业资源。任何企业都是在一定的成本和资源约束下开展经营活动的，企业的资源优势会直接影响其客户服务能力和质量。因此，不同资源特点和成本约束都会影响企业的客户选择。

(二)客户的识别

从理论上来说，所有消费者都有可能成为企业的客户，但在现实中，由于企业的资源约束、产品的细分、客户的需求差异等原因，某一具体企业的客户群体或客户都是有一定范围限制的。因此，企业必须要准确识别自身的客户群体，这样才能更好地开展客户管理和服务。

企业通过识别客户，可以有针对性地开展差异化的营销策略，从而提高客户管理和服务水平，提高企业客户的忠诚度，对企业的发展大有裨益。因此，我们需要了解客户识别的常用方法。

(1) 基于客户统计学特征的客户识别方法。基于客户统计学特征的客户识别方法主要是对客户的年龄、性别、收入、职业、地区等维度进行统计和分析。随着信息技术的发展，客户统计识别方法可以借助在线分析技术或其他数据挖掘技术来收集和处理庞大的客户信息。

客户统计识别方法虽然简单易行，但缺乏有效性，难以反映客户需求、客户价值和客户关系阶段的问题，难以指导企业去吸引客户、保持客户，难以适应核心客户关系管理的需要。除非在相对稳定的市场中，或者是针对特定的市场销售特定的产品，因为客户统计识别方法还不足以预测客户未来的购买行为。

(2) 基于客户交易行为的客户识别方法。基于客户交易行为的客户识别方法使用比较广泛的有 R-F-M 模型和 ABC 法等。

R-F-M 模型是从购买期(recency)、购买频率 (frequency)、货币价值(money)三个维度来识别客户习性。R(最近购买期)：是指顾客最近一次从公司购买商品的时间，这是衡量公司能否留住顾客的能力的最好标准；F(购买频率)：是指某一特定时期内顾客购买的次数，它可以测量客户对企业的忠诚度；M(货币价值)：是指某一特定时期内顾客从公司购买商品所消费的金额，可以衡量客户的盈利能力。

ABC 客户识别法的主要特点是将历史交易额或者客户的贡献利润等历史交易数据作为主要依据。其具体做法是将客户按照交易额由大到小列出，占全部交易额 1/3 的头部客户定为企业的 A 级客户，在 A 级以下累积，占全部交易额 95%的客户属于 B 级客户，其余占交易额 5%的客户属于 C 级客户。这个方法在实际操作中比较容易得到实施人员的理解和贯彻，而且该类方法所需的数据也较容易获得。但是，其缺点是以历史交易为主要依据对客户进行识别的主观性比较强，其主要依靠实施人员的从业经验，缺乏严密的科学推理。

(3) 基于客户生命周期的客户识别方法。第一，忠诚度阶梯分类法。依据客户所处的客户生命周期的不同阶段把客户分为潜在顾客、现实买主、长期客户、支持者和鼓吹者，并以此表明客户关系水平随时间变化的发展轨迹，表示客户关系从一个阶段向另一个阶段发展。客户生命周期越长，客户的忠诚度越高，其价值也就越大。第二，依据客户关系的不同阶段进行客户识别。关系阶段划分是客户生命周期研究的基础。对客户生命周期进行阶段划分的方法有多种，目前这方面已有较多的研究，比较有代表性的是德怀尔(Dwyer)、舒尔(Schurr)和塞乔(Sejo)的研究。他们提出了一个买卖关系发展的五个阶段模型。福特(Ford)把关系描述成五个阶段：关系前阶段、早期阶段、发展阶段、长期阶段和最后阶段。瓦克曼(Wackman)和萨蒙(Salmon)将关系描述成四个阶段：关系前阶段、发展阶段、维持阶段和终止阶段。兰德(Moreland)和莱文(Levine)认为关系阶段可分为考察阶段、过渡阶段、行动阶段和终止阶段。

学者们一般会根据客户关系的阶段来识别客户，并根据不同的阶段建议采取不同的客户关系策略。依据客户生命周期的客户识别方法能够使企业针对客户所处的阶段进行有针对性的促销，促使客户向稳定期发展，或者延长稳定期。

无论是基于客户统计学特征，还是基于客户交易行为，抑或是基于客户生命周期的客户识别方法，都要对客户群体的特性进行识别。最常用的客户群体特性识别方法是"6C"分析法，即从品德(character)、能力(capacity)、资本(capital)、抵押物品(collateral)、经济状况(condition)、连续性(continuity)的描述，分析识别客户。

二、猎头服务企业的客户识别

(一)猎头服务企业的定位

世界著名营销战略专家艾·里斯(Al Ries)在《定位》(*Positionning:The Battle for Your Mind*)中阐述了"满足需求"却无法赢得用户的原因，提出了进入"用户心智"以赢得用户选择的"定位"之道。定位不仅是对"满足需求"的营销观念的改变，更是开创了"胜出竞争"的营销思想。这一思想不仅对产品营销有巨大的影响，而且对猎头服务企业和猎头顾问具有同样重要的作用。

随着猎头服务行业的不断发展，竞争也日趋激烈，从而使猎头服务企业呈现出不同的定位。总体来看，猎头服务企业的发展定位主要有以下两种类型。

(1) 综合型。这类猎头企业走的是综合发展道路，猎头服务涉及的行业广泛、全面。

(2) 聚焦型。这类猎头企业聚焦某一个或几个领域、行业、职能或地区，从事自己特定或者擅长的业务。

无论是哪种类型的发展定位，都是在猎头服务企业自身资源约束下作出的战略选择。由于资源相对不足、资本不够充足，猎头服务行业整体呈现专业化、精细化的趋势，猎头企业往往选择集中优势资源做好自己业务定位范围内的工作，为客户提供更好的价值体验，提升客户满意度。

(二)猎头客户筛选

猎头服务企业在明确了客户行业、领域、职能、地区等方面定位后，还需要进一步筛选、识别可能成为猎头服务客户的企业。

1. 猎头服务客户的来源

猎头服务客户的主要来源有：曾经服务过的老客户、人脉推荐、主动开发新客户、客户主动上门等。

(1) 维持良好的老客户关系。猎头顾问的老客户是猎头顾问曾经服务过的单位或企业。通常来说，如果猎头顾问曾经为企业成功猎取到满意的高层次人才，这些接受过猎头服务的单位或企业只要有高层次人才的招聘需求，就还会继续委托猎头顾问长期为其提供服务。因此，猎头顾问要与老客户保持联系，并尽力为老客户提供力所能及的服务，以维持猎头业务单子的来源。

保留一个老客户，要比开发一个新客户节约60%以上的人力和物力成本，为了确保老客户不丢失，猎头顾问应做到以下三点：①保证每一个猎头服务项目质量，提高客户满意度；②猎头项目完成后，要做好后续跟踪服务，尽可能帮助企业和高层次人才解决工作中的困难；③与客户单位的领导、人力资源负责人保持密切联系，同时与高层次人才保持沟通。

(2) 利用人脉关系推荐猎头服务客户。利用人脉关系推荐猎头服务客户是利用猎头顾问在以往猎头服务项目中或自身的人际关系网络中建立的人脉关系，向猎头服务企业推荐客户。通过人脉关系推荐的客户，往往信任度较高，成功率也较高。人脉推荐是一个重要的客户来源，但是要想通过人脉关系获得客户，应该克服推荐人担心猎头服务公司做不好、猎头顾问自身缺乏广泛人脉、一些人脉不实际推荐等困难，猎头服务公司和猎头顾问应努力提升猎头服务质量，消除推荐人顾虑；猎头服务企业和猎头顾问要广交朋友，积极扩大人脉圈；保持与企业高管、HR及各类高层次人才的密切交流和互动，宣传推广猎头服务的优秀案例。

(3) 主动开发新客户。猎头服务企业要想实现可持续发展，就必须不断地开拓市场，主动开发新客户，这样才能为企业的发展壮大提供持久的动力。猎头服务企业在自身业务定位的范围内，应采取多种渠道开发新客户。常见的客户开发渠道如下。

① 利用各类媒体寻找客户。猎头服务企业开发新客户常用的媒体既有传统的报纸、杂志广告的招聘广告和信息，又有网站、微信、App、QQ、微博、公众号等新媒体或自媒体。通过在这些媒体上发布信息，猎头服务企业可以初步了解哪些公司有高层次人才招聘需求，以及这些公司的高层次人才有哪些基本要求，公司的联系方式和高层次人才招聘负责人等基础信息。有了这些基本信息，猎头服务企业就可以快速联系到潜在的客户群体，并开展有针对性的猎头服务宣传推广和客户开发工作。

② 通过各类招聘会寻找客户。各地人才市场都会定期、不定期地开展人才招聘会，特别要关注地方政府机构组织的高层次人才的专场招聘会。虽然很多企业在一般的人才招聘会上招聘的大多是基层岗位，但是有些企业也会同时发布一些中高层人才和技术人才的招聘信息。因此，猎头服务企业也应经常到人才市场进行走访和信息收集，了解企业对高层次人才的招聘需求和招聘困难，从中开发一些猎头服务客户。

③ 通过各种培训班、行业沙龙、管理论坛等寻找客户。猎头顾问在培训班、沙龙、论坛上通过与参加者的沟通交流是猎头服务公司获取客户的一个重要渠道。特别是高级研修班、总裁班等这类多为企业高管参与的培训中，他们会在培训间隙相互沟通在实际工作中遇到的人才稀缺、招聘困难等问题，因此猎头服务公司可以与他们开展比较深入的交流沟通，掌握企业需求，实现客户开发。

2. 猎头客户订单需求获取渠道

猎头服务企业掌握了客户来源后，在识别和开发具体客户之前，应该对客户订单可能的需求进行摸底调查，这样才能有的放矢，提高客户订单的获取成功率。那么，如何掌握客户订单需求呢？我们可以通过以下渠道开展信息收集：①人才网站；②企业网站；③客户介绍；④候选人介绍；⑤市场活动；⑥行业沙龙或招聘会。

一方面，在人才网站、企业网站、行业沙龙或招聘会这三类渠道中，客户通常会明确企业人才招聘的数量、岗位和能力要求，其中不乏高端人才需求，因此猎头服务企业可以从中获取客户的相关需求。另一方面，在客户介绍、候选人介绍、市场活动这三类渠道中，猎头服务企业可以通过与客户、候选人、市场活动参与者的深入交流和互动，获取客户有关高端人才需求的相关信息。

3. 猎头客户识别和筛选

掌握了具有高端人才招聘需求的潜在客户信息后，猎头服务企业就要对这些潜在客户进行识别和筛选，以锁定最具开发可能性和价值的客户。

(1) 猎头客户识别。客户识别的目的主要是判断客户是否有需求、有能力通过猎头服务获取高端人才。只有准确识别这些接受猎头服务且有一定支付能力的企业，才有可能获得客户订单。猎头客户识别有以下两个主要步骤。

① 收集客户信息，开展客户背景调查。调查的目的是了解开发目标客户，对客户的需求作出判断，从而找到客户的痛点；有利于顾问和客户的交流沟通，从而判断是否需要与目标客户建立合作关系，提高顾问的工作效率。

调查内容分为两个维度，一是目标客户背景资料收集，需要了解目标客户的业务类型或产品，公司人员规模及公司分布区域，营业规模或产能及发展规划等；二是行业信息收集，了解目标客户在所处行业的排名及实力，以及客户公司的竞争对手有哪些。

调查方法包括客户的公司官网、搜索工具、客户的在职员工或已离职员工、客户的竞争对手等。

在进行背景调查时，猎头服务公司常常需要使用客户背景调查表等工具，以下是行业信息收集表(见表 3.1)和客户信息收集表(见表 3.2)，仅供参考。

表 3.1　行业信息收集表

项　　目	工具/内容	具体问题	收集情况
行业定义	搜索引擎	这个行业是做什么的？行业内有何分类	
行业内代表性企业		本行业有什么代表性企业	
行业发展现状	行业主要收入构成		
	行业的盈利模式		
行业发展趋势	行业整体发展趋势		
	市场规模发展趋势		

表 3.2 客户信息收集表

公司名称				
公司简介				
子公司分布				
公司规模				
主要产品				
营业额/生产能力				
产业概况				
企业架构				
竞争对手概述				
企业发展历程				
企业动向				
企业待遇				
企业文化				
利好消息				
负面新闻				

② 整理分析所收集的客户信息。通过整理分析收集的客户信息，可以帮猎头服务企业对客户的委托猎头招聘的意愿、需求和支付能力作出判断，识别目标客户。

(2) 客户筛选原则。客户筛选最重要的原则是关注客户成长性、持续性和支付能力。具体来说，我们筛选客户可以从客户类型和资金预算两个维度来考虑。

① 从客户类型方面，行业领导企业、行业开拓创新企业、具有核心技术的创新型企业、有潜力的创业型企业等类型给猎头服务企业带来的订单的机会较多。

② 从客户资金预算方面，主要是把握企业本身实力和其愿意支付在猎头服务方面的资金量。通常，曾经使用过猎头招聘服务的企业，再次投入猎头招聘服务的资金量和投入意愿也相对较高。

三、猎头客户的开拓技巧

(一)猎头客户开拓的步骤

1. 联系客户

客户开拓是猎头服务业务的起点，而联系客户则是客户开拓流程的第一个环节。在这一环节中，猎头顾问要与客户取得联系，并成功引起客户的兴趣，让客户愿意与其保持进一步的交流。因此，在联系客户这一环节中，猎头顾问需要注意以下两点。

(1) 选择合适的方式。联系客户一般采用电话或电子邮件的方式。通过电话联系客户的方式最具时效性，也是最常用的方式。电子邮件具有信息具体和完整的特点。

(2) 注意开场白。好的开场白能够成功吸引对方的注意，引起对方的兴趣，让客户愿意进行进一步交流。

2. 拜访客户

(1) 拜访前的准备。确认拜访目的，确定拜访人员及分工，整理客户清单，预约拜访时间等。

(2) 控制拜访时长。拜访客户要注意控制时长，拜访客户时长一般控制在30～40分钟左右，特别是初次拜访，要适可而止，以免影响客户的其他工作。

(3) 展现优势。拜访客户时，猎头顾问要在较短的时间内集中展现猎头服务在帮助企业获取高层次人才方面的优势，解答客户的疑问和顾虑，证实该服务确实能为客户带来利益。

知识链接：FABE 法则

FABE 法则是通过功能(features)、优点(advantages)、利益(benefits)、佐证(evidence)四个关键环节，解答客户诉求，证实产品确实能给客户带来利益，从而实现客户开拓的方法。FABE 法则表如表 3.3 所示。

表3.3   FABE 法则表

F(features)	功能、特征	描述一个产品的事实或特点
A(advantages)	优点	描述能使用或帮助买方的一项功能复合
B(benefits)	利益	描述一个功能及其好处，以满足买方需求
E(evidence)	案例、佐证	描述使用该产品或服务的成功案例

(资料来源: 根据相关资料整理)

(4) 找准关键决策者。拜访客户时，猎头顾问要尽量与客户企业的关键决策者建立沟通和联系。对于猎头服务客户开拓而言，通常的关键决策者有企业高层、HR、用人部门等，猎头顾问要在拜访客户时尽可能与这些群体建立直接联系。

(二)猎头客户开拓技巧

1. 保持与目标客户 HR、用人部门，甚至高层领导的密切联系

在开拓猎头客户时，猎头顾问要尽可能多地了解客户的企业文化、用人招人理念等。因此，猎头顾问要与目标客户 HR、用人部门，甚至高层领导建立并保持密切的联系。猎头顾问与 HR 之间建立起充分信任的合作伙伴关系，有助于猎头顾问在第一时间得到更多有质量的岗位及相关岗位的信息。用人部门对职位的掌握更具体，通过用人部门直线经理能够获得更为真实、有效、全面的职位需求，也有助于更好地推动职位的进展。

2. 做好客户开拓的各种准备

明确了目标客户后，猎头顾问就要着手客户开拓的各项准备工作了，具体可以从以下四个方面进行。

(1) 做好充分的心理准备。首先，要树立信心，相信自己一定能够促成与客户的合作；其次，要有不惧失败的勇气，再好的猎头顾问都经历过失败，因此要勇于面对失败，即使被客户拒绝也要调整好心态，不断改进服务；第三，要有坚持的毅力，猎头顾问开发客户本质上是对猎头服务产品的销售行为，销售的过程就会经历反复推介，只要不放弃，就会提高成功的概率。

（2）做好具体目标准备。猎头顾问客户开拓一般需要多次客户拜访，因此猎头顾问应将开发客户的目标细化为每一次拜访客户的阶段小目标。这样在每次拜访客户时都可以根据小目标制定更具体的策略，从而最终实现客户开拓的目标。

（3）做好行动准备。猎头顾问在正式拜访客户之前，要做足充分的"功课"。首先，要尽可能了解企业的基本信息，并对该信息做好梳理和归纳。其次，建议拜访客户之前进行预先练习，比如将需要向客户演示的方案反复预演几遍，并不断修改完善；并将需要向客户提问的问题列成"问题清单"，以防止遗漏；预设客户可能会提出的问题，想好解答的措辞等。最后，做好记录。准备好记录工具，既要完整了解客户的意思表达，又要关注客户在沟通过程中的情绪、态度反馈等。

（4）做好形象准备。为了开拓客户，猎头顾问应打造一个专业、干练、值得信任的职业形象。因此，猎头顾问既要注意衣着、服饰、发型等外在表现，又要注意日常积累，提升职业素质和自信心。

3. 善于提问

猎头顾问开拓客户，沟通能力极为重要。其中，提问的技巧又直接关系到能否得到有效的信息。正确的提问才能带来正确的答案。提问时，应尽量让问题清晰、简洁，要考虑潜在客户是否愿意回答这些问题，并且能否从这些问题的回答中获得有价值的信息。

4. 学会积极倾听

猎头顾问与潜在客户进行交流时，要学会积极倾听。这要求猎头顾问与潜在客户之间保持积极的双向沟通，应当客观地倾听而不做判断，以便正确理解他们的意思。不急于发表意见，而是等客户说完之后再表达。沟通过程中应及时通过眼神、面部表情、语言等方式让客户了解你已经接收到相关信息。

第二节　客户需求分析及关系管理

一、客户需求分析

客户需求分析是根据行业发展趋势，深入、准确地进行企业诊断，厘清其需求的过程。这个过程体现了猎头服务企业和猎头顾问的专业能力，是猎头服务企业和猎头顾问核心竞争力的重要体现。开展客户需求分析，我们可以从以下两个方面着手。

(一)准备工作

(1)　了解客户所在行业的发展动态及趋势。

(2)　仔细阅读并深入分析客户的职位说明书。

(3)　了解目标客户公司的发展动态、现状及未来的发展战略。

(4)　查找同行业类似职位，特别是曾经接触到的类似职位情况，并进行比较分析。

(5)　对比分析现有人才数据库中可能的候选人信息，并对能够在客户沟通中进行分享的候选人的信息进行梳理。

(二)客户需求分析的基本内容

1. 客户企业概况

客户企业概况的内容主要包括总体情况、企业文化(愿景、使命、核心价值观等)、组织结构、人员规模、主要产品或服务、竞争优势、市场规模和区域、利润情况、企业品牌、挑战和发展战略等。

2. 客户企业团队概况

(1)　客户企业高管团队情况：企业创始人、高层管理团队、直属领导等的背景、管理风格及偏好。

(2)　候选人拟安排团队情况：团队的组织结构、团队成员及背景、团队领导风格、基本能力、团队成员的职责与分工、候选人拟承担的职责与分工。

3. 客户企业提供的职位情况

客户企业提供的职位情况包括职位等级、岗位职责、职位新旧(新职位/替换离职人员/继任者(前任)背景)、职位发展路径及要求(教育背景、行业经验偏好、技能、资格、能力及其他要求)。

二、客户关系管理

客户关系管理(Customer Relationship Management，CRM)是企业为提高核心竞争力，达到企业制胜、快速成长目的而开展的判断、选择、争取和保持客户需要的全部商业活动。从这个概念来看，前面我们介绍的客户筛选、定位、识别等活动都可纳入客户关系管理的范畴。下面我们将介绍猎头顾问进行客户开拓常用的理论和方法。

(一)客户个性分析

个性特点与工作效率、工作行为、组织行为等密切相关。因此，猎头顾问在开展客户开拓活动时要对客户个性进行分析。运用个性理论和心理测试可以深层次了解人的个性。比如麦尔斯-吉尔斯类型指标(MBTI 量表)、霍兰德职业人格测试、卡特尔人格特质理论(16PF)等，这些都是常见的个性分析工具。但是，这些都是基于量表的测试方法。在现实生活中，我们很难对客户做量表测试。因此，在客户开拓时需要猎头顾问运用专业的知识和经验对客户作出判断。下面我们将具体介绍九型人格理论。

(1) 九型人格理论。九型人格(enneagram)最初主要依靠口头传播，带有一定的神秘性，后来逐渐发展成为一门学科，尤其是在心理学方面有了新探索。九型人格理论是对九种人格进行了详细的描述和分类，并阐述了它们之间的相互联系。九种人格类型也可以称之为九种风格，每一种类型(风格)都代表了世界上一种基于特定"关注焦点"的截然不同的运作方式。因此，属于某种类型(风格)的人，则具有特定的"关注或不关注的事情"。不同的人通过不同的方式关注不同的事物，这种观点在九种不同的人格中起着核心作用。这就为我们分析人们的注意力焦点和"知觉偏见"，分析"是什么占据了他们所看、所想的中心位置，以及他们优先考虑的事情"提供了依据。

知识链接：九型人格的由来

在希腊的传说中，天是由九根柱子支撑起来的，这与九型人格学说里面九柱图概括了人的性格类型的说法具有契合之处。

在九柱图(enneagtiram)中，"ennea"为希腊文，是"九"的意思，"gram"是图形的意思，"enneagram"原意就是一个有九个尖(九个方位)的图形。

在性格形态学里面，这九角星的九个方位分别代表九种人格。之所以用数字来代表性格，是因为人们都认为数字是最客观的。

但是，用单纯的数字表达也会带来一个问题，那就是直观性不强，因此后来有一些专门研究九型人格的人根据各个类型的特质又给它们分别冠上了性格名称，这就是九型人格说的由来。

(资料来源：范宸. 九型人格心理学[M]. 北京：中华工商联合出版社，2019.)

(2) 九型人格的类型和特点。九型人格按照人的思维、心理、情绪和行为，将人分成了九种性格特征：完美型、助人型、成就型、自我型、理智型、忠诚型、活跃型、领袖型和和平型。人们常用九芒星图来表示九种人格的关系(见图3.2)。

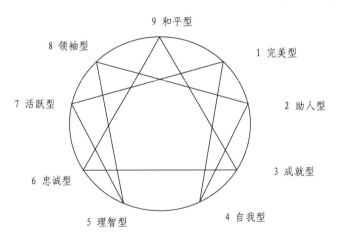

图 3.2　九型人格示意图

九种人格类型的人具有不同的性格特点，关注焦点和行为特点也不尽相同，详见表3.4。

表 3.4 九种人格的类型和特点

代表数字	类型	性格特点	注意力焦点	行为特点
1	完美型	倾向于从完美主义的角度看待世界	做正确的事情，和/或确保别人做正确的事情，注意并纠正错误，努力改进事情	对自己要求很苛刻，并且一向遵守规则
2	助人型	通常为人友好、乐观，易动感情，(过分的)慷慨	人际关系及其他人对他们的想法和感受	通过"改变自己"，以他们所认为的能够帮助他们与他人建立积极的关系的任何方式展示自己
3	成就型	从任务、目标、形象、成就及成功的角度看待世界	被别人视作成功，并为此作出很多努力	重视工作，甚至不惜以牺牲情感和生活为代价
4	自我型	重视真实性，往往能适应包括痛苦在内的各种各样的情绪	在自己的内心世界，与他人的关系，某个特定情境中缺失的东西，以及他们周围环境的美学方面	理想主义者，具有创新意识，经常充满希望和忧郁，时不时可能会沉溺在过去的回忆中
5	理智型	内向、害羞，很少表达自己的情感	思考、获取知识、追求有趣的知识，并设立界限以维护隐私	有一种精力有限的感觉，对其他人很敏感，担心他们可能会消耗自己有限的时间或资源
6	忠诚型	警惕，或是具有恐惧症倾向，为人忠诚、擅于分析、行为叛逆并怀疑权威	喜欢评估威胁和风险，使他们能够很好地解决问题	想拥有一个优秀的权威人物，并可能会考验或反抗威权人物
7	活跃型	精力充沛，节奏快，乐观	关注有趣、刺激的事物，并制订各种各样的选择和计划	擅于将消极的事物重新组合成积极的事物，头脑敏捷，兴趣广泛，喜欢同他人交往
8	领袖型	坚强、自信、直截了当，容易发怒，对冲突和对抗的容忍程度更高	关注谁拥有权力、如何运用权力，创造秩序，具有大局观，事情是否公平公正	直面挑战，可能冲动行事，为人豁达，并愿意保护他人
9	和平型	调解者，可以自然、全面地看问题，和蔼可亲、随和	注意与他人的交融，过度适应他人，避免产生分离和冲突	很难作出决定，采取保持沉默或拖延的方法来处理事情

(资料来源：根据相关资料整理)

(3) 与不同类型人合作的技巧。通过九型人格理论对人的风格进行分类和判断，可以为猎头顾问进一步开展与他们合作提供行为方式指导。我们归纳了以下合作技巧可供参考(见表 3.5)。

表 3.5　不同类型人格的合作技巧

代表数字	类　型	合作技巧
1	完美型	清晰准确； 重视品质； 理解其追求完美的动力和批判倾向； 强调积极的反馈
2	助人型	提供支持； 给他们施展的空间，配合他们对工作和团队的热情和奉献； 积极乐观、小心谨慎； 肯定他们的努力
3	成就型	工作出色并能搞定棘手的事情； 放手让他们自己去做事情； 匹配他们的工作节奏，时间观念强，避免浪费时间； 注重人际关系； 规划好日程； 承认他们的努力和成就
4	自我型	理解他们； 尊重他们充分表达情感的需要； 让他们感受到其自身的重要性； 真实； 以一种有意义的、个人的方式与他们联系
5	理智型	尊重空间和时间； 简明扼要、切中主题； 直截了当但体贴的沟通； 具有职业性，专业、训练有素； 避免过度夸张和混乱； 不要干涉他们正在做的事情，不要制造"惊喜"
6	忠诚型	让他们感觉到你"值得信赖"； 对他们的问题要有耐心； 理解和尊重他们的恐惧和焦虑； 重视他们评估风险和解决问题的能力； 给他们足够的时间进行详尽的分析，并帮助他们采取行动

代表数字	类 型	合作技巧
7	活跃型	表现出乐观、积极的状态； 避免过多的消极情绪和批评； 尊重和欣赏他们； 给他们独立工作和提出创造性想法的空间； 理解他们内心对权威的不适应
8	领袖型	不要拐弯抹角，直接说出真相并且不粉饰，让他们了解真实情况； 表现出独立工作的能力； 支持他们采取行动； 不要害怕和他们发生冲突，要有技巧地管理冲突
9	和平型	做和平友善的人，并努力与他们建立个人联系； 重视每个人的意见，包括第九型人格的意见，即使他没有主动提出意见，也要向他们征求意见； 理解他们对冲突和批评的敏感性，尽量避免挑起事端或引发冲突； 直接争取与他们的合作，使他们参与其中

(资料来源：根据相关资料整理)

(二)客户满意度和忠诚度

(1) 客户满意度。美国著名的市场营销大师菲利普·科特勒(Philip Kotler)曾指出：企业的整个经营活动要以客户满意度为中心。这一观点充分表明了做到让客户满意对企业的重要意义。客户满意(Customer Satisfaction，CS)是客户需要得到满足后形成的一种心理反应，是客户对产品或服务满足自己需要程度的一种评价。客户满意度是感知与期望差异的函数，用数学公式可以表示为：

$$客户满意度=客户感知到的满意值÷客户的预期值$$

当客户满意度越接近 1 或等于 1 时，表示客户满意度越高，且与其预期值越匹配；当客户满意度大于 1 时，表示客户的满意度超出预期，这时可能给客户带来惊喜。

从上述公式中我们不难发现，客户满意度是一个相对概念，它与客户预期和客户感知两个因素密切相关。因此，对于猎头顾问而言，要想提升客户满意度，一方面，要在客户购买服务之前，形成合理的预期；另一方面，在提供服务的过程中，要提升客户感知,包括提升猎头服务本身的产品价值、增加服务价值、降低时间成本、提升企业品牌形象等。

(2) 客户忠诚度。客户忠诚是从客户满意的概念中引出的,是指客户满意后而产生的对某种产品或服务的信赖和愿意持续性购买的心理倾向。虽然客户满意带来客户忠诚,但是满意不代表忠诚。一般来说,客户满意度越高,忠诚度就越高,但是这种关系是复杂微妙的,同时还受到财务利益、转移成本、信任等多种因素的影响。

因此,猎头顾问可从实现客户完全满意、提升财务利益、提高转移成本、建立信任等方面,最大限度地提升客户忠诚度。

(三)建立信任

与客户建立信任关系是猎头客户开拓的基础,对猎头客户开拓的成功至关重要。但是,信任的建立并非易事,猎头顾问的专业知识和经验,以及成功的猎头服务项目经历才是建立信任的核心要素。对于初入猎头服务行业的猎头顾问来说,应该从以下方面入手,逐步建立客户信任。

(1) 熟悉猎头服务行业的规范和流程。

(2) 积累和丰富猎头服务行业领域的相关信息。

(3) 良好的第一印象。

(4) 耐心倾听。

(5) 实事求是地表达。

(6) 站在客户角度思考和提出专业的解决方案。

(7) 注重细节。

(8) 跟踪回访,保持交流。

第三节　谈判与签约

谈判(negotiation)是人们在不确定的情景下追求平衡的艺术,也是谈判各方协同探索最可接收解决问题方案的科学，是达成协议的过程。美国谈判学会会长、著名律师尼伦伯格(Gerard L. Nierenberg)在《谈判的艺术》(*New Art of Negotiating*)一书中说到，"每一个要求满足的愿望和每一项寻求满足的需要，至少都是诱发人们展开谈判过程的潜因。只要人们是为了改变相互关系而交换观点，只要人们是为了取得一致结果而磋商协议，那么他们就是在进行谈判"。谈判的种类有很多，包括外交谈判、政治谈判、军事谈判、经济谈判等，本书所介绍的猎头服务中的谈判是经济谈判中的一种商务谈判，是根据猎头服务这种商务往来关系而进行的谈判。

在猎头服务活动正式开始之前，猎头顾问与客户之间也要进行谈判，主要就猎头服务活动需要达成的目标、标准、期限、费用等问题进行谈判并达成一致。谈判的过程大致可分为谈判准备阶段、正式谈判阶段、签约阶段。

一、谈判准备阶段

(一)谈判分析

"知己知彼，百战不殆。"大多数谈判在谈判前双方就有了一定程度的接触，这些接触可能是正式的，也可能是非正式的。谈判双方通常对彼此的信息已经有了一定程度的了解和掌握。因此，谈判前猎头顾问要对自身和客户的情况进行系统详细的分析和梳理，以便顺利开展谈判并完成签约。谈判分析一般可从两个维度进行，一是自我分析，二是客户分析。

1. 自我分析

自我分析主要是对猎头顾问本人和所属猎头服务企业的情况进行分析。分析内容包括自身和团队优势、猎头服务企业优势行业和领域、以往成功案例及其他可能影响谈判签约的信息。

2. 客户分析

客户分析主要是在前期收集的客户信息的基础上进行整合，以备在谈判过程中灵活运用。

(二)谈判原则

在猎头服务谈判过程中,作为猎头顾问应把握以下三个原则。

1. 双赢原则

猎头服务谈判作为商务谈判的其中一种,应该以达成协议为目标。但是,商务活动中不可避免地存在着双方的矛盾和利益冲突,因此猎头顾问要尽可能采用有效的手段化解这些矛盾和冲突。猎头顾问可以从这两方面来考虑:一是尽量扩大总体利益。在谈判中,首先要扩大双方的共同利益,然后再讨论与确定各自分享的比例;二是明确目标,善于妥协。猎头顾问在谈判过程中一定要时刻记住谈判目标,围绕谈判目标调整双方的期望值。

2. 平等诚信原则

平等是指猎头服务谈判中谈判双方不论经济实力、组织规模,其地位都是平等的。因此,在谈判中双方在观点、利益、行为方式等方面的分歧应通过平等协商来解决。诚信是谈判双方交往的基础。猎头顾问在谈判中不能为了实现签约,伪造猎头服务企业资质、虚构服务案例,更不能作出无法实现的不切实际的承诺。

3. 灵活性原则

灵活性原则是指在谈判过程中,双方在总体利益、原则性问题一致的前提下,根据客户意愿可以采用灵活多样的方法,促成双方达成协议。

二、正式谈判阶段

(一)谈判开局

俗话说"好的开头是成功的一半"。良好的谈判开局不仅创造了良好的谈判氛围,而且能让客户感受到猎头顾问的态度、意愿和专业性。因此,猎头顾问在谈判开局阶段不仅要形成深刻良好的印象,建立积极融洽的谈判氛围,而且要明确谈判目标,阐述清楚己方的立场。

谈判开局阶段，猎头顾问的主要任务如下。

(1) 营造良好的谈判氛围。

(2) 说明谈判目标，介绍猎头服务的初步方案。

(3) 进行开场陈述和报价。

(二)实质性洽谈

在谈判开局阶段，猎头顾问已经针对己方的初步方案和报价进行了陈述。进入实质性洽谈阶段后，客户将会针对方案和报价进行沟通。此时，猎头顾问要特别关注客户传达的信息。在实质性洽谈阶段有以下几个要点需要猎头顾问予以把握。

(1) 认真倾听、灵活表达，实现有效沟通。

(2) 敏锐地捕捉客户表达中的"弦外之音"和"难言之隐"。

(3) 掌握好发问技巧。

(4) 做好记录，并做好客观地整理，明确哪些方面可以达成一致，哪些方面还需要进一步确认。

(5) 艺术、灵活地反复确认客户的想法和立场，测试其立场的坚持度。

(三)谈判过程异议处理

针对客户在谈判过程中提出的异议，可参考以下步骤进行处理。

(1) 倾听客户的意见。保持耐心，倾听客户意见，寻找客户的关注点。

(2) 深度思考、评估。深度思考客户提出的意见并进行评估。从客户的角度分析其顾虑，找出真实原因，建立共同价值。

(3) 提出问题。将客户的问题进行转化，咨询客户，寻求解决办法。

(4) 帮助对方。与客户共同回答上述问题，用专业的态度明确双方立场。

(5) 把握时机，达成一致。

三、合同拟定及签订

(一)合同准备

完成谈判后，应尽快确认合同。只有确认了合同，谈判才算真正完成。通常，合同模板有三类，一是由客户提供的合同模板，二是由猎头服务公司提供的合同模板，三是由客户猎头服务公司双方共同起草的新合同。不管采用哪种合同模板类型，猎头顾问都应非常明确一点，就是猎头行业的合同条款基本一致，要非常熟悉常规的合同条款，在签订合同前，必须由自己所在公司的法律顾问进行确认，确认无误后才可签订。

(二)合同的核心条款

猎头行业的合同条款基本一致，每家公司都会形成一个本公司的标准合同模板。不论合同模板有何差异，通常都会包含以下核心条款。

(1) 关于"定金"的条款。定金不一定是必需的，但合同中应该明确是否收取定金，以及定金数额和相关要求。若能够通过谈判帮助猎头服务公司获取定金，可以更好地推进猎头服务项目的开展。

(2) 关于"服务费"的条款。服务费是客户在谈判中关注的重点，在谈判中已经协商一致的服务费标准，要在合同中明确写明。

(3) 关于"保证期"的条款。客户通常希望保证期越长越好，但是猎头服务公司和猎头顾问应将保证期控制在合理范围，以确保猎头服务企业的利益。

(4) 关于"付款期限"的条款。付款期限越短对猎头服务公司越有利。在谈判和合同签订过程中，猎头顾问应结合客户的财务制度尽量争取较短的付款周期。

阅读资料

猎头服务协议示例

甲方：

乙方：×××管理咨询有限公司

甲方因业务发展需要，特委托乙方以猎头服务方式招聘_____职位人选，甲乙双方本着"平等合作，互惠互利"的原则，经友好协商达成以下协议。

一、甲方的权利与义务

1. 甲方应向乙方提供详细、真实的公司背景资料，包括但不限于公司的组织架构、经营状况、发展战略、企业文化等。

2. 甲方须负责提供所需要招聘岗位的详细资料，认真配合乙方进行猎头需求调查。

3. 收到乙方提交的候选人资料后，甲方应在_____个工作日内通知乙方是否要求候选人面试。如果面试，应告知时间和地点。面试结束后，甲方应在_____个工作日内告知乙方面试结果，对不合适的候选人，应给出说明。如果不面试，应给出具体不面试的原因。候选人面试所产生的费用由甲方承担。

4. 甲方应在面试后积极与乙方沟通、协调，一周内作出是否复试(聘用)的决定。

二、乙方的权利与义务

1. 甲方须在寻访服务期内利用各种渠道为甲方寻访、招聘所需人才。

2. 乙方应了解候选人的情况，分析其背景资料，并在此基础上进行筛选后，向甲方提交合适候选人的个人资料。

3. 如果在寻访期内甲方未能对乙方提供的候选人给出明确答复，乙方有权终止合作。

4. 若出现以下情况，均视为乙方已完成猎头服务全部工作，乙方有权要求甲方在一个月内支付全额猎头服务费；如逾期支付，乙方将保留诉诸法律解决的权利。

(1) 甲方将乙方所推荐的候选人转荐给其他雇主，并且候选人被其他雇主聘用的。

(2) 甲方面试乙方所推荐的候选人后表示拒绝聘用，却在面试后一年内聘用乙方曾推荐的人选。

(3) 甲方面试乙方所推荐的候选人后因某种原因不能聘用该候选人，而聘用该候选人做兼职或其他短期服务。

(4) 甲方面试乙方所推荐的候选人后因某种原因不提供所聘用岗位，但录取该候选人为其他岗位职员。

(5) 甲方面试乙方所推荐的候选人后并没有聘用，而是采用咨询、承包等方式与候选人保持合作关系。

三、服务费标准及支付方式

收费标准如下。

本次猎头服务收取人民币_____元，即推荐人才年薪的_____%。

甲方向乙方支付猎头服务费及支付方式为：_____(方式一或方式二)。

方式一：猎头服务费由甲方在双方协议签订后_____个工作日内一次性支付给乙方。

方式二：猎头服务费由甲_____(分期)支付给乙方，具体支付方式和时间如下。

(1) 双方签订协议后五个工作日内，甲方必须支付猎头服务费总额的30%作为定金，计人民币_____元。

(2) 乙方推荐的人才到岗后七个工作日内，甲方应支付猎头服务费总额的40%，计人民币_____元。

(3) 乙方推荐的人才到岗满三个月后的五个工作日内，甲方应支付猎头服务费总额的30%，计人民币_____元。

(4) 被推荐人员上岗三个月内因自身原因被辞退或自行辞职的，乙方在三周内重新推荐合适人选。如果推荐不能成功，那么乙方将已收取的费用全部退还甲方。

四、保证内容及违约责任

1. 甲乙双方自签订协议之日起，需在双方约定的时间内向甲方提交候选人资料。

2. 甲方有权对乙方提供的候选人进行面试或不面试。对于不面试的候选人，甲方应给出明确意见，为乙方物色新候选人提供参考依据。

3. 乙方承诺，为甲方提供三个月的服务保证期。

(1) 若所录用的候选人上岗后在服务期内辞职或因工作表现不好被解雇，甲方应提供解雇理由的书面文件，乙方将会重新搜寻一个候选人以填补该空缺。如果乙方不能再推荐令甲方满意的替代人选，则甲方有权通知乙方解除本次人才招聘计划。

(2) 若甲方无正当理由解雇候选人，或该候选人辞职是由于甲方改变了其最初的职位、职责范围、所属部门，未实际履行与候选人达成的聘用协议，或有任何事实上的欺诈等引起候选人的不满而离开甲方，乙方不承担责任。

(3) 若候选人离开甲方后，甲方更改了该空缺的职衔、职责范围、工作性质、所属部门，要求乙方提供人选，双方应将该空缺理解并视为一个新的岗位，而重新签订新的协议，从而产生新的协议服务费。

4. 乙方保证在本协议签订后的一年内，不猎取甲方公司的任何在职员工。

5. 乙方应确保被录用的候选人已与原工作单位按正常的程序办好离职手续，甲方不得利用被录用候选人盗取原工作单位的商业秘密，否则引起的不良后果由甲方负责，乙方不承担任何责任。

6. 双方签署本协议后，甲方不得以任何理由拖欠服务费，否则被视为甲方违约，乙方保留索要服务费的权利，同时乙方每天将加收猎头服务费总额8%的滞纳金。

五、其他事项

1. 双方在履行本协议过程中发生争议时，应协商解决。协商不成的，任何一方均可向人民法院提起诉讼。

2. 因某种原因，甲方暂停了项目，乙方可接受甲方暂停项目的最长期限为三个月，在此期限内如果甲方要求继续该搜寻项目，乙方将继续人才搜寻工作。如果甲方通知暂停此搜寻项目超过三个月，该委托项目将自行结束。

3. 本协议经双方签字后立即生效，一式两份，甲、乙双方各执一份。

甲方(签章)：   乙方(签章)：

地   址：   地   址：

代   表：   代   表：

税   号：   税   号：

开 户 行：   开 户 行：

账   号：   账   号：

签订时间：   签订时间：

(资料来源：根据网络模板整理编写)

本 章 小 结

1. 猎头服务企业的定位。猎头服务企业呈现出不同的定位，总体来看，猎头服务企业的发展定位主要有综合型和聚焦型两种类型。

2. 猎头服务客户的来源。猎头服务的客户主要来源有：曾经服务过的老客户、人脉推荐、主动开发新客户、客户主动上门等。

3. 猎头客户订单需求获取渠道。猎头服务业掌握了客户来源后，我们可以通过人才网站、企业网站、客户介绍、候选人介绍、市场活动、行业沙龙或招聘会等渠道开展信息收集，以获得猎头客户订单的信息。

4. 猎头客户识别有两个主要步骤。第一步：收集客户信息，开展客户背景调查。第二步：整理分析所收集的客户信息。

5. 客户筛选原则。客户筛选最重要的原则是关注客户成长性、持续性和支付能力。具体来说就是筛选客户可以从客户类型和资金预算两个维度来考虑。

6. 猎头客户的开拓技巧。①保持与目标客户 HR、用人部门，甚至高层领导的密切联系；②做好客户开拓的各种准备；③善于提问；④学会积极倾听。

7. 客户需求分析是根据行业发展趋势，深入、准确地进行企业诊断，厘清其需求的过程。

开展客户需求分析，我们可以从以下两个方面着手：首先要做好准备工作；其次要对客户企业、客户企业团队、客户企业提供的职位情况等基本内容进行分析。

8. 在客户关系管理方面，我们要开展客户个性分析，在实践中采用九型人格理论进行分析；要重视客户满意度和忠诚度；同时，还要与客户建立信任关系。

9. 在猎头服务谈判中，作为猎头顾问应把握如下三个原则：①双赢原则；②平等诚信原则；③灵活性原则。

10. 在合同拟定及签订时，要特别关注"定金""服务费""保证期""付款期限"等核心条款。

课后思考题

1. 猎头服务的客户主要有哪些来源？
2. 简述猎头客户识别的步骤。
3. 简述九型人格中各类型的特点。
4. 简述猎头服务谈判的过程。
5. 简述猎头客户谈判的原则。

案例与讨论

案例一　A科技公司猎头谈判

天和猎头公司近期与一家知名科技公司 A 进行了深入的业务洽谈。A 公司近期正在进行业务扩张，急需招聘一批中高端技术和管理人才。经过初步接触，A 公司对天和猎头公司的专业能力和服务经验表示认可，决定与其进行深入合作。

天和猎头公司详细研究了 A 公司的业务模式、发展历程和人才结构，对 A 公司的招聘需求有了清晰的认识。通过与 A 公司 HR 部门的沟通，了解了他们对猎头服务的期望和要求。

根据 A 公司的需求，天和猎头公司制定了一套有针对性的服务方案，包括人才搜寻、简历筛选、面试安排、薪资谈判等环节，并综合考虑服务成本、市场竞争等因素，制定了合理的报价策略。选拔了具有丰富经验和良好沟通能力的猎头顾问和销售经理组成谈判团队，并对谈判团队进行模拟演练和案例分析，以提高谈判技巧和应对能力。

在谈判初期，天和猎头公司详细介绍了公司的历史、业务规模、成功案例等，展示了其在猎头行业的专业地位。针对 A 公司的招聘需求，提出了具体的解决方案和建议，得到了 A 公司的认可。双方就服务范围、服务周期、人才保证期等关键细节进行了深入讨论。天和猎头公司积极回应 A 公司的关切和疑问，展示了其高度的责任感和解决问题的能力。

在价格谈判环节，天和猎头公司坚持合理报价的同时，也充分考虑到 A 公司的预算限制，提出了一些灵活的优惠政策。双方就合同条款进行了反复推敲和修改，确保合同内容明确、公正、合法。经过多轮谈判，双方最终达成了一致意见，并签署了猎头服务合同。合同中明确了双方的权利和义务，为后续的合作奠定了坚实的基础。

签约后，天和猎头公司立即启动了服务流程，为 A 公司提供了高效、专业的人才招聘服务。同时，双方也建立了定期沟通机制，确保服务过程中的问题能够及时得到解决。

请根据上述案例回答以下问题。

为什么与 A 科技公司的猎头谈判能够取得成功？这次谈判过程中有什么值得借鉴的地方？

案例二　智汇猎头客户开发案例

智汇猎头公司成立于 2018 年，是一家专注于 IT、金融、制造业等行业的高端人才猎头服务提供商。随着市场竞争的加剧，公司决定加大对新客户的开发力度，以扩大市场份额。本次客户开发的目标是在未来三个月内，成功开发至少 10 家新的中高端企业客户，提高公司业务的增长率和市场占有率。

公司通过行业报告、市场研究等方式，了解目标客户行业的人才需求趋势。筛选目标客户群体，重点关注有中高端人才招聘需求、对猎头服务有一定认可度的企业。建立专门的客户开发团队，进行系统的猎头知识、销售技巧培训。同时为团队配备专业的市场分析工具和客户信息管理系统，提高工作效率。

公司加强了多渠道宣传推广。利用公司官网、社交媒体平台发布成功案例、行业报告，提升品牌知名度。并且与行业协会、专业媒体建立合作关系，举办或参与行业活动，扩大人脉资源。针对目标客户，公司制订了个性化的拜访计划，深入了解企业需求。通过面对面的沟通，展示公司的专业能力和成功案例，建立信任关系。

为潜在客户提供一次免费的猎头服务体验，让客户更直观地了解公司的服务质量和效果。通过试用服务，收集客户反馈，优化服务流程。

经过三个月的努力，智汇猎头公司成功开发了 12 家新的中高端企业客户，包括 3 家知名 IT 企业、4 家金融机构和 5 家制造业企业。这些客户对公司的服务表示满意，并建立了长期合作关系。同时，公司的业务增长率和市场占有率均实现了显著提升。

请根据上述案例回答以下问题。

说一说智汇猎头公司是如何进行客户开拓的？

 微课资源

扫一扫，获取相关微课视频。

3.1　猎头项目管理　　3.2　猎头项目管理的　　3.3　猎头项目的
　　　基础　　　　　　　　　应用　　　　　　　　发展趋势

第四章　寻访与甄选

【学习目标】

通过对本章内容的学习，学生需要做到：

1. 了解寻访工作的前期准备，以及如何做好方案制定；

2. 理解开展寻访工作的途径，以及各有哪些优劣势；

3. 掌握与候选人沟通时的话术，以及做好简历筛查的方法。

【引导案例】

猎头顾问 W 为一家工业元器件行业的外资公司招聘一名高级物料经理。该公司专门生产和销售传动器、电器开关、端子、防爆电器装置、工业机箱、直线导轨及连接件等产品。技术、研发及质量标准均源自德国，产品广泛地应用在通信、电子、轨道交通、自动化控制、船舶、机床设备制造、仪器仪表、可再生能源、能源电力和石油化工等各个领域。1996 年该公司在中国成立了独资生产型企业，位于上海嘉定区。

该公司总经理是一位年轻有为的马来西亚华人 L 先生。他比较详细地向猎头顾问 W 介绍了岗位职责、招聘目的、用人标准、薪酬范围、面试流程等。经过多次讨论，L 先生把对人才的要求明确集中在以下 8 点。

1. 具备 8 年以上的电子行业工作经验。

2. 其中至少有着四五年在物料管理及相近岗位上工作的经历。

3. 具备 MRP 的实施经验。

4. 具备较强的沟通与谈判能力。

5. 具备流利的英语口语能力。

6. 具有强烈的上进心，愿意与企业共同发展。

任务明确之后，猎头顾问 W 帮客户制定该职位的初步寻访方案。这是猎头工作最重要的一个环节。因为它决定了接下来的工作是否朝着最有可能成功的方向、最高效的那条道路走。猎头顾问 W 对职位做了如下分析：物料经理这个岗位属于制造业里比较常规但又很重要的管理岗位，基本上中大型企业都会设置该岗位。上海郊区是制造业的聚集地，有若干个工业园和开发区。因此，理论上整个上海市范围内都是潜在人才库。问题在于，嘉定工业园偏居一隅，园区规模相对较小，且当时规模尚未成熟。周边的配套设施也不完善，就连轨道交通也尚未规划到那里。而且，客户公司也暂时无法提供班车。以上因素造成了两难的状况：一是，如果从上海市区或近郊工业园寻访人才的话，乘公交每日往返，路上至少需要花费两三个小时，交通是个大难题。自然会让不少人才望而却步。二是，如果考虑到就近就业而只在嘉定区域寻找人才，那么人才质量是非常有限的。

　　面对这样的挑战，猎头顾问 W 向 L 先生提出一个解决方案，即打破地域局限，把人才搜索的范围放宽到与上海相邻的制造业基地苏州和无锡。之所以建议把范围放宽到苏州和无锡，有三个原因：第一，这两地的外资制造业规模也比较大，尤其是电子行业的企业非常集中；第二，上海的机会对于二线城市里有职业野心的人才通常具备很大的吸引力，何况猎头顾问 W 的客户当时是个新建企业，可以提供给人才施展拳脚的机会和充足的职业发展空间；第三，非本地的人才在选择住处时会优先考虑到工作的便捷性，因此交通问题就很容易解决了。当然，为保证这一方案有成效，客户需要考虑适当增加招聘预算，因为外地候选人通常会提出住宿补贴的要求等。L 先生听后，表示很认可并同意猎头顾问 W 按照这个思路开始招聘。

　　在接下来的人才搜寻工作中，猎头顾问 W 此前假设的那些问题逐渐暴露出来。上海市的候选人至少有一半是由于工作地点等原因对该机会表示不感兴趣；有近 40% 的人才英文口语达不到流利程度。即便如此，在五个工作日内，猎头顾问 W 依然兑现了承诺，给 L 先生推荐了两名候选人。但是收到人才推荐的 L 先生，并没有立即给猎头顾问 W 反馈；随后两个工作日内，W 又推荐了两位人选给 L 先生。这次依然没有收到反馈。隔天，当 W 正准备打电话给 L 先生跟进时，他却一个电话打过来，劈头盖脸质问猎头顾问 W：“你推荐的人呢？怎么还不赶紧推？”猎头顾问 W 回复他说：“我已经给您发了四份候选人报告了，您没有收到吗？我正要给您打电话进一步介绍这几位人选的情况呢。”他却吼道：“四个不够啊！赶紧继续推！”“可是你要先看看推荐的那四位候选人啊，至少告诉我你的评价如何。”猎头顾问 W 回应。L 先生咆哮过后就挂断了电话。

　　W 觉得再和 L 先生通话来沟通此事，恐怕还会发生不愉快甚至起冲突。于是猎头顾问 W 想到了“曲线救国”，联系了 L 先生的秘书 S 小姐。之所以联系她，是由于猎头顾问 W 在第一次拜访该客户时就认识了 S 小姐并互相交换了名片，彼此留下了较好的印象，猎头顾问 W 觉得她可以作为桥梁协助自己去沟通这件事。猎头顾问 W 对 S 小姐说明了事情的经过和目前的状况，请她帮忙提醒 L 先生查阅自己推荐过去的人选报告；并且告知如果 L 先生有意向面试的话，要尽量在一周内安排，以免候选人失去兴趣而放弃这个机会。S 小姐表示没问题。随后，猎头顾问 W 又给 L 先生写了封邮件，心平气和地表达了自己的想法和建议。猎头顾问 W 在邮件里写道："我理解您对人才渴求的迫切心情，也明白您希望多了解一些人才，通过比较来挑选最适合的人才的想法。事实上我并没有停止搜寻工作，如果有合适的潜在人才，我还会继续推荐。与此同时，我诚恳地希望您尽可能在三个工作日内查阅目前四位候选人的报告，提供反馈意见给我。如果我们迟迟不给那四位人才一些反馈，候选人很有可能会觉得企业的管理效率有问题，甚至对该机会失去兴趣。"

最终，猎头顾问 W 所做的一切还是起到了作用，L 先生在五个工作日后终于把他的反馈给了他。在等待他的反馈期间，猎头顾问 W 给每位候选人打电话婉转解释了客户一直没有给到反馈的原因，并且感谢他们的耐心等候。同时，W 还推荐了一名新的候选人给 L 先生，以满足他对"量"的诉求。

L 先生看完五位候选人的报告后认为他们的背景都符合高级物料经理这一岗位的基本要求。候选人有在上海的，也有来自苏州的。最终经过面试，他几乎毫不迟疑地录用了来自苏州的那名候选人。该候选人 R 先生的工作条件非常匹配此岗位，且一直期待到一线城市发展。他的英文口语是猎头顾问 W 迄今为止在制造业里遇见过的职业经理人中讲得最棒的。而 R 先生果然不负所望，入职后在该企业里发挥着至关重要的作用，得到了 L 先生的高度评价。鉴于第一个招聘岗位的成功，L 客户后来又把三、四个岗位的招聘任务独家委托给了猎头顾问 W。另一方面，候选人 R 先生在职场上一直锐意进取，不断提升，如今已经位居某跨国电子集团亚太区总监一职。

(资料来源：李晶晶. 重筑黄金台：从猎头到招聘流程外包 RPO[M].

上海：上海远东出版社，2020. 略作修改)

思考：你认为猎头应该如何开展寻访与甄选工作呢？应该注意哪些方面？

第一节　寻访方案制定

根据我国 2020 年 1 月 1 日实施的《高级人才寻访服务规范》(GB/T 25124—2019)，寻访是指根据客户的需要，为其提供咨询和人才搜寻活动。寻访是猎头工作开始的基础，而制定寻访方案则是寻访工作的前提。根据不同的职位，要做好不同的"猎聘"计划，才能大大提升成功概率。制定寻访方案要做好以下工作。

一、确定企业人才的需求

猎头寻访的第一步就是了解企业的需求，这是寻访工作开展前最基础的准备工作，这些信息直接关系人才寻访的策略和人才筛选的标准。只有真正明确了客户企业的需要，才能精准找到合适的候选人。

猎头需要对客户的企业文化、历史、产品、管理风格有透彻的了解，与客户进行充分、有效的沟通，然后对空缺岗位进行分析，总结该岗位的职责、任职资格及相应的薪酬水平等。例如：开篇案例中 L 先生向猎头顾问 W 提供要招聘的高级物料经理应具备 8 年以上的电子行业工作经验等 6 项人才需求。人才需求可以通过分析企业提供的职位说明书(JD)、或与客户企业交流等方式来获取。如果企业没有提供职位说明书(JD)，在必要的情况下猎头需要根据企业的要求编写，并发给企业方进行检查。一般而言，企业人才的需求可以总结为"4W1H"(Who、Why、What、When、How)，即岗位名称、为什么招聘、岗位职责和要求、希望人选何时入职和如何找到目标人选(寻访方向和手段)。

(一)"Who"岗位名称

了解岗位信息是确定人才招聘需求的第一步。岗位名称往往能反映岗位职级和主要职责。但是，我们也要注意，即使岗位名称相同，岗位职级和职责也可能因公司规模大小不同而有所不同。例如，销售总经理的职位，在规模较小的公司可能需要负责客户端和企业端；而在规模较大的公司，岗位便得到进一步细分，可能只负责其中的一部分。因此，了解岗位名称的关键是，该职位所需要的候选人所应具备的能力。

除此之外，一些与职位相关的内容也应该了解。一方面有利于更好地了解职位信息，收集足够多的信息为选择最合适的人才做好充足的准备，以便在后续与人才沟通的时候展示猎头的专业水准。另一方面，通过与企业方代表沟通能够了解企业的真正实力，从侧面展示企业的企业文化及管理模式等。例如，该职位的直接上级是谁，是否有下属员工，整个部门有多少人等。

(二)"Why"为什么招聘

为什么招聘是要了解这个招聘需求是如何产生的？是公司开设新业务后产生新岗位？是原有岗位成员离职或无法胜任工作导致职位空缺？还是其他的什么原因？

1. 新产生的需求

根据上述问题，还要思考以下问题：如果是新产生的需求，那么产生该需求所对应的新业务、新思路和公司既定业务战略和人力资源配置是否相一致？满足该需求是否需要增加岗位配置，增加岗位配置成本是否需要报批，提出相关需求的人是否有决策用人的权限等。这里值得注意的是，新岗位的产生往往隐藏着制度不够完善，职位体系欠缺等问题，这意味着可能在工作中产生纠纷，在面临这类职位时需要额外的小心谨慎。这类职位对候选人而言也相当具有挑战性，如果猎头正好碰上这样的职位，那么在与候选人沟通的时候一定要事先告知对方，因为这类岗位对候选人各方面的综合能力要求较高、候选人在工作中面临的困难也比较多。防止候选人因为工作压力大、岗位不符合预期等原因在试用期内或较短工作时间内离开岗位，这对企业、员工、猎头三方都将造成不可挽回的后果。

2. 员工离职

如果是岗位人员离职而导致的空缺，那么应该考虑为什么会离职？是员工个人发展或家庭等自身原因离职，还是因为出现了人岗不匹配，员工不能胜任岗位而离职？当然，在和企业方负责人沟通时，企业负责人会因为自身利益存在为隐瞒真实信息而提供虚假情报的可能。作为猎头一定要有综合信息的判断能力，从多渠道、多方面收集相关信息，做出最正确的判断。

如果是因为人岗不匹配出现离职，那么应该考虑是什么原因引起的。是否需要提前沟通、组织开展培训或者对激励机制进行调整；提出需求后是否会引起其他潜在问题的出现；如果是长期没有招聘成功的岗位需求，这次招聘是否有新的变化等。同时，我们可以尝试与上任员工取得联系，了解任职过的员工对岗位的理解，从而更加明白岗位的工作内容以及具体的要求，以及员工对这个岗位的评价等。没有经过多方验证的信息不要轻易相信，这也是我们判断企业方提供信息是否准确的方法。如果某个岗位出现多位员工相继离岗，且在岗时间都比较短的情况，那么作为猎头应该十分警惕这种岗位，考虑这个岗位是否值得推荐候选人。因为出现这种现象表明这个职位可能存在较多问题，如上级打压、没有实权、权不对职、管理混乱等。一名优秀的猎头不仅需要帮助企业寻找合适的人才，同时需要对候选人负责，为其寻找稳定可靠的工作岗位。

(三)"What"岗位职责和要求

在每一个职位上，都有对候选人的核心要求。例如会计师的核心要求除了需要专业能力强之外，还需要心细、缜密、有正确的价值观、诚实正直；销售岗位的核心要求就是性格开朗、为人随和、善于与人沟通；管理岗位的核心要求就是沟通协调能力强、有大局意识。因此正确认识理解岗位的职责需求有利于猎头在候选阶段匹配合适的候选人。

另外，我们要了解岗位职责和相关要求，包括理想人选的年龄要求和应具备的行业经验、以往的业绩、目标行业资源、代表性客户、求职动机以及相应岗位的职位知识技能等。例如工作语言是否要求用英语？如果需要则英语水平需要达到什么程度？平时用于书面邮件沟通还是用于日常工作语言的交流？对于工作有没有规定需要熟练掌握的软件？是否需要熟悉特定的生产工艺流程？希望员工的工作风格是哪种类型？希望能给企业带来什么样的效益与成果？是否有区别于行业内的特殊要求？

阅读材料

STY 是北京海淀区一家中型的商贸流通企业，对外招聘资深会计师。在资历、经验和专业知识的综合考虑下，猎头推荐了三位候选人进入到面试环节。面试官们采取了多对一的面试方式考察候选人。在具体的面试环节，面试官就候选人的专业知识、工作能力、性格进行了详细的考察。后来，一位有着某财经大学 MBA 学位、七年会计工作经验，并曾在某大型企业财务部门工作过的 CPA 胜出。这位候选人的笔试成绩很高，在面试中表现得比较抢眼，面试官对其印象非常不错。入职之后，候选人在工作中的表现很不错，与他人也比较好沟通，在公司中很快就赢得了好人缘。然而，半年之后，公司辞退了这位候选人，原因是发现他在账目上做手脚。好在牵扯资金不多，候选人及时补上了，公司才没有使用法律手段。但是，这次事件却在这位候选人身上留下了不光彩的一笔。面试官非常懊悔，笔试和面试考察了很多项，但是偏偏就忽略了对候选人职业道德和价值观的考察。而这一考察要素对于会计这一岗位来说是非常关键的，不然很容易给公司带来巨大的损失。

(资料来源：滕超臣. 像猎头一样做招聘[M]. 北京：北京理工大学出版社，2016. 略作修改)

(四)"When"目标人选何时入职

了解客户对候选人到岗工作的时间要求，有助于猎头根据时间节点制订招聘计划，安排各项招聘工作。一般来说，客户通过猎头进行招聘的岗位都在入职时间上较为迫切，入职时间大多要求在一个星期到一个月范围之内，因此猎头的工作强度会比较高。

对于在职员工而言，候选人正常的入职时间在 1 个月到 3 个月之间。因为在职员工在原公司和岗位有工作需要交接，以及离职需要走流程。不难发现，离职和入职双方的时间存在差异，这就考验到猎头的能力了。而对于暂时失业的员工，按照常理他们应该是很快能入职，如果候选人提出需要较长时间才能入职时，作为猎头应该敏锐察觉到其中的问题，及时沟通询问了解真实情况，最大限度地减少双方的损失，促进双方成功合作。如果实在不能在企业方要求的时间内入职，猎头需要考虑更换一位候选人或者采用更加合适的方案促进双方达成合作。

(五)"How"如何找到目标人选(寻访方向和手段)

对上述"4W"进行汇总分析，对客户的人才需求有一个大致的了解，可以做出大概的寻访方向。值得注意的是企业对所在行业的了解会更加深入，因此猎头可通过客户了解对手公司和合作企业，这更有利于猎头明确候选人的要求和标准，为寻访目标人选提供方向。但是，作为新手猎头，我们对于行业的了解以及企业的现状缺乏认知，有的猎头可能出于好学直接问企业方："您的合作公司是谁？或者，您的对手公司是谁？"这是非常不可取的。对于企业来说，他们选择猎头协助招聘的原因就是提高效率，节约成本，如果请来的猎头顾问连公司的信息都不了解，对方会怀疑你不具备足够的专业性，从而拒绝把手中的职位给你。这也是猎头为什么难的原因。新手猎头前期需要大量的学习和积累经验，成长周期较长、难度较高。

二、明确企业给予的条件

招聘是企业与人才的双向选择，只有企业实际给出的条件和求职者心理期望相匹配时才能招到合适的人才。一般求职者比较关注的方面有薪资福利、职位待遇、公司规模、未来前景、公司口碑、老板魅力、公司位置、候选人个人发展前景等。其中薪资福利、公司规模和发展前景往往是候选人最优先考虑的方面。对于企业能给予的条件，猎头应该了解的越详细越好，这有利于猎头后续寻找候选人。

求职者会依据自身的职业规划与企业给出的条件进行比较做出相应选择。对于企业来说，能在人才市场上给出的薪酬条件、福利待遇、自身在行业中的地位及掌握的技术，这些就是企业的砝码，就能招聘到相应能力的人才。为此，企业在招聘人才时一定要清楚自身的定位，明白自己真正需要的是什么，吸引人才的砝码有多少，然后依据自身的条件寻找相对应的人才。而作为猎头，一定要记住一点"最好的未必是最合适的"，在合适的情况下可以用委婉的方式告诉求职者和企业方，尽可能展示双方优势以及相匹配的地方，促成双方的合作。这也相当考验一个猎头的情商和业务能力。

三、行业洞察

猎头在开展寻访活动之前，除了需要了解岗位要求和企业条件外，还要对整个行业的状况进行评估与分析，也就是要认清整个行业的人才待遇和竞争状况，这样才能更精准地找到候选人。对于行业的了解主要是来自不断地积累，以及根据现有趋势对未来的预测。可以从以下三个方面着手。

(一)国家政策趋势

根据我国的社会性质，我国各行各业的发展动向都离不开国家的政策支撑。关注我国最新的热点新闻，对行业信息保持充分的敏感度，了解国家对于行业的政策帮助，是了解行业趋势的根本方法。一个积极的政策意味着国家对于行业的推动，也意味着人才的空缺以及人才的可发掘性；反之，一个消极的政策则意味着人才市场的饱和及行业的没落。作为猎头应该及时了解和跟进行业的最新动态，主动出击。

(二)行业"大佬"的见解

积极参加行业内的学术交流会议，会议上都是行业内各个领域的重量级人物带来自己最前沿的成果经验交流。积极社交，广交朋友，拓宽自身的关系网，积极沟通交流是了解行业内新成果和发展新趋势的重要方法。

(三)基层员工的情况反映

作为猎头应该积极保持和自己的候选人经常沟通，也许他现在还不符合你目前岗位的要求但他同样可能会带来你意想不到的价值。刚起步的猎头往往接触到的是一些基层员工，而通过这些员工正是猎头了解行业形势的基本方法。员工的真实感受和工作状况往往能直观地反映出行业的现状，了解他们的真实情况能够帮助猎头快速融入这个行业积攒相应的经验。对于新手猎头而言，这还能帮助你更快地取得候选人对你的信任。

四、分析人才的来源

一个行业内优秀人才的数量在短期内是相对固定的，但具有一定的流通性，包括退出该行业，进入与原职业具有一定相似性的新行业赛道，当然也包括新进入的，或者退休。那么我们应该从哪里寻找人才呢？可以从对手企业或者跨行业以岗位的胜任素质模型为标准匹配寻找人才。

阅读材料

1973 年麦克利兰在《美国心理学家杂志》(*American Psychologist*)上发表了著名的《量素质而非智力》(*Testing for Competency Rather Than Intelligence*)一文正式提出"素质"的概念,他在文章中引用了大量的资料,说明仅凭智力测验来判断个人能力的不合理的,并进一步指出,人们主观上认为能够决定工作绩效的一些诸如人格,智力,价值观等方面的因素,在现实中并没有表现出预期的效果。因此,麦克利兰强调要摈弃传统的理论假设和主观判断,坚持从第一手的材料出发,找出真正影响工作的特质和因素,他在文章中指出,人的工作绩效是由一些更根本更潜在的因素决定的,这些因素能够更好地预测人在特定职位上的工作绩效,这些"能区分在特定的工作岗位和组织环境中绩效水平的个人特征就是素质"(competence),即胜任力。素质是员工潜在的特性,例如动机(motive)、特质(trait)、技能(skill)、自我形象(self-image)、社会角色(social role)以及所拥有的知识(knowledge)等。这些因素决定着工作是否有效,决定着一个人是否能产生杰出的绩效,这篇文章的发表标志着素质研究的开端。之后,美国薪酬协会(the american compensation association)对素质做出了更进一步的定义,即:个体为达到成功的绩效水平表现出来的工作行为,这些行为是可观察、可观量、可分级的。确定胜任力的过程需要遵循两条基本原则:①能否显著地区分工作业绩,是判断一项胜任力的唯一标准。②判断一项胜任力是否能区分工作业绩必须以客观数据为依据。

麦克利兰的胜任力模型可以帮助猎头更好地评估候选人的适应性和潜力。通过对候选人的技术能力、人际关系能力和概念能力进行评估,猎头可以更准确地预测候选人在特定职位上的表现,并且为企业提供更好的人才推荐和匹配服务。此外,该模型还可以帮助猎头识别候选人的发展潜力,为其未来的职业发展提供指导和建议。

(资料来源: Mcdelland, DC(1973). Testing for competenly rather than Mtelligence,

Americom Rychologist, 28(1), 1-14.)

(一)在对手企业寻找

在对手企业寻找人才是猎头公司常用的人才搜索方式之一。当接到客户订单时，猎头公司并不是盲目寻找，它们首先会选择在客户企业同行业中去挑选和物色候选人，缩小搜寻范围，也更为精准。正所谓"最了解你的人往往是你的敌人"，同产品赛道的企业在工业产品，技术要求方面往往具有相似性，因此招聘对手行业的员工在一定程度上可以节约培训费用的开支。很多企业的人力资源主管更愿意招募对手企业的员工。因为双方存在竞争关系，当企业招揽了更加优秀的人才后竞争力会有所提高，在一定程度上破坏了对手企业的战略，形成了一定的威胁。当然，在招募前一定要认真做好背景调查，以防意外情况的出现。

具体如何操作呢？首先，了解客户公司的主要产品，合作企业有哪些，主要供应商来自哪里，产品出售给哪些企业，主要的市场是什么等。这一步主要是为了让我们有一个寻找的方向。最直接有效的方法便是去企业官网查看对手企业的介绍。另外我们可以和企业的人力资源部的负责人取得联系，让产品部的负责人带我们去企业工厂实地考察了解产品具体情况。但是这很难实现，需要建立长期的合作关系，企业才可能提供这样的机会。其次，根据产品的相似性列出对手企业名单，并根据两者产品的相似度大小及目标客户群体重合度的高低，将对手企业进行分类：第一类是直接竞争对手；第二类是相似类型的企业。对于罗列出来的对手企业名单还需要进一步检验。例如可以在企查查或者登入国家企业信息信用信息公示网来查找每一家公司，收集和挖掘它们的主要信息，如公司的历史、业务和分支机构等。依据这些信息，对对手企业进行二次甄别，把不合适的公司剔除，之后就可以尝试联系该企业内与岗位要求相匹配的人员了。

优点：候选人质量高，因为之前任职在类似岗位，相关工作经验丰富，专业知识技能过硬，在一定程度上能减少企业的培训成本。

缺点：对于猎头能力要求高，若非其他特殊原因或者企业给出的条件非常高、非常吸引人，候选人不会轻易考虑更换工作。那么如何说服候选人，同时促成候选人和企业双方利益最大化，这是猎头需要考虑的重中之重。

阅读材料

上海一家大型的家电企业计划向地产企业进军，需要一位负责市场营销的带头人。于是，这家家电企业委托当地一家猎头公司，要求为其找到的候选人要在国内排名前十位的地产企业中任职市场经理。接到猎头项目之后，猎头公司便在国内前十位的地产企业中寻访，最后猎到一位在某地产公司任职广州区市场经理的候选人。为了顺利拿下这位候选人，猎头公司打听到候选人的毕业院校、专业，从其同学入手，了解到他的性格、爱好、生活习惯等。待将候选人全方位地了解清楚之后，猎头公司开始实施"猎捕"计划。因为提前做了大量的功课，猎头公司很容易便取得了候选人的信任。待了解清楚企业方的实力、发展规划、开出的条件之后，候选人便决定跳槽。后来，企业方老总亲自面试候选人，颇为满意，当下便和其确定了聘用关系。

(资料来源：李晶晶. 重筑黄金台：从猎头到招聘流程外包 RPO[M].

上海：上海远东出版社，2020. 略作修改)

(二)跨行业寻找

1. 在不同行业的相同岗位中寻找人才

受制于行业内优秀人才的匮乏，依托职位跨行业寻找人才在企业的招聘中也很常用，这种人才搜索方式更符合互联网时代人才跨界的思维。另外，当企业发展到一定阶段，引进具有复合型背景的高层次人才也是公司实现跨越式发展的捷径。不过，这种搜寻方式具有一定的限制，它更适合运用在具有一定普遍性质的岗位上。例如一个生产型企业要招聘财务管理负责人，这个岗位就有普遍性，因为不仅生产行业需要财务管理，服务行业也需要财务管理。这就意味着这位候选人只要有丰富的财务管理经验，具备相应的专业能力就可以了。同样，如果汽车行业招聘销售经理，其他行业的销售经理也是可以考虑的，因为销售这个岗位是相通的，重要的是人脉的积累。

阅读材料

2007 年万科开始执行"007 计划"，在各个方面引进一批跨行业的跨国公司精英人才。一年多时间，万科陆续引进 32 名跨行业管理人才出任要职，包括之前在宝洁公司负责 ECR(品类管理)的陈东峰、曾任百安居中国区副总裁的袁伯银、原万博宣伟国际公关公司(中国区)消费品及医疗领域负责人于玉光、曾任仲量联行亚太区董事和资产管理总监的许国鸿等。用万科总经理郁亮的话来说，所谓"007 计划"就是万科要去挖一批在全球性企业工作过的，在比万科还大的公司的管理岗位工作过的，也就是大白话讲的"见过世面的人"，引进这些人的目的无非是想向市场充分竞争的行业学习。"房地产行业不可能长期维持高利润率，住宅产业一定会像制造业一样走向充分竞争，所以万科要向制造业学习，学习它们对成本的控制，学习它们对性价比的追求，学习它们对存货的管理，学习它们对营销渠道的开辟，学习它们品牌的建立。"郁亮这样评价"007 计划"。

(资料来源：李晶晶. 重筑黄金台：从猎头到招聘流程外包 RPO[M].

上海：上海远东出版社，2020. 略作修改)

2. 在不同行业的不同岗位中寻找人才

这种寻访方式跨行业、跨职业，以人才的胜任力模型为基础，只要人才能够胜任工作，无论他是否在这个行业工作，是否有相同岗位的工作经验，都可以被企业任用。高端人才竞争激烈，在不同行业、不同专业领域寻找人才，放大了高端人才存在的范围，一定程度上也提高了找到高端人才的概率。愿意接受这样人才的企业较少，大多数企业在出现危机时需要一个独特的高层管理人员给企业带来新的动力，创造新的价值，从而改变现状。

优点：可选择人才数量多，可选择范围较广，找到合适人才的概率较大，能给企业带来意想不到的效果。

缺点：这种方法较为冒险，三方都承受着较大风险。企业的培养成本较高，同时猎头也面临着较大风险，候选人自身也会有较大顾虑。

阅读材料

在 20 世纪 90 年代初期，"蓝色巨人"IBM 严重亏损，董事长兼 CEO 宣布退休。为了找到帮助 IBM 走出亏损泥潭的 CEO 人选，IBM 特别成立了搜猎委员会，委托内华达斯潘塞·斯图尔特管理咨询公司和海德思哲国际有限公司为其搜寻优秀的人才。

在猎捕名单中，有 GE 公司的杰克·韦尔奇、Allied Signal 的拉里·博斯迪、摩托罗拉公司的乔治·费希尔及微软公司的比尔·盖茨等。其实，搜猎委员会的首选是没有 IT 经验的郭士纳。后来找到郭士纳时，郭士纳也觉得自己并不能胜任工作而拒绝了。不过，搜猎委员会在搜寻了一段时间之后，觉得郭士纳还是最为合适。因为商业领导人并不受所谓的行业限制，他需要是一个通才且能驾驭变革的人。而郭士纳恰恰符合这两点，他既是达特茅斯学院工程学学士，又是哈佛商学院的 MBA，同时还是美国国家工程学院与美国艺术和科学研究院会员。他曾在美国运通公司担任副总裁，还曾出任纳贝斯克公司的 CEO。在强大的履历背景之下，郭士纳非常了解一家公司的组织形式，也有足够的魄力和耐性。果然，郭士纳在 IBM 的九年时间，不仅使其摆脱了 80 亿美元财政困境，还让公司股价上涨了十倍，成为全球最赚钱的公司之一。

(资料来源：李晶晶. 重筑黄金台：从猎头到招聘流程外包 RPO[M].

上海：上海远东出版社，2020. 略作修改)

第二节　开展寻访工作

在寻访方案制定后我们就要开始寻访工作。寻访工作往往根据制定的寻访方案在一定寻访周期内，采用合适的寻访渠道寻找符合需求的人才，然后经过初筛、面试、背景调查向企业推荐合适的候选人。关于面试以及背景调查等其他环节的方法将在后面的章节中进行详细的介绍。

一、寻访周期

寻访周期根据企业的要求可以分为：短周期、适中周期与长周期。从时间上划分一个月以内为短周期；一到六个月为适中周期；六个月以上为长周期。猎头需要根据客户的要求在寻访周期内开展工作，在有限的时间内为企业寻访合适的候选人，这就考验猎头的专业能力以及人脉的积累。当猎头手上同时有多个岗位时要注意时间的安排，合理有效的规划自己的工作。另外，长周期的工作岗位往往是一些预发放的职位，与企业的战略发展息息相关，在开展工作时要做好岗位信息的保密工作。当然，对于一些企业明确提出需要保密招聘的工作岗位是必须要做好保密工作。

二、寻访渠道

利用正确的寻访渠道能使寻访的效率事半功倍，不同的渠道有不同的优缺点，合理利用这些渠道进行取长补短。

(一)招聘网站

通过招聘网站，如前程无忧、智联招聘、猎聘、BOSS直聘等进行寻找，是猎头在寻找候选人时最基本的方法。因为招聘网站上有大量的求职者信息，根据企业需求筛选关键词可以找到具有关键词的候选人的简历。同样我们可以在平台上发放职位，吸引求职者，相对于搜索简历联系人才而言，这个方法猎头更具有主动性。但实际情况，这有一定运气的成分在，因此主动出击才是最好的选择。在这个方法中简历筛选尤为重要，具体的方法在第五章第三节中展开了详细的介绍。

1. 招聘网站的优点

方便快捷是它的最大优点。对于没有足够人脉的新手猎头而言，在拿到新的职位时这是一个最快速的搜索人才的方式。同时可以快速提升猎头对于筛选简历的能力，以及对信息的敏感程度，也可以积累人脉，构建自己的人脉库，有利于个人的发展。

2. 招聘网站的缺点

(1) 耗时耗力。招聘网站上的信息是不断积累的，输入关键词筛选可能得到上百甚至上千份简历，阅读一份份简历然后联系投递简历的个人，这无疑是巨大的工作量，对于招聘周期较短的职位而言非常不利于工作的开展。

(2) 缺乏时效性。平台是持续开放的，求职者可以随时上传自身简历。这也意味着，求职者在离职期间或者有意愿更换工作的时候上传简历，但在找到工作或已经更换工作之后简历依然存在，这意味着求职者不在空档期也不会考虑新的工作机会。或者，求职者更换了新的联系方式，但简历上没有修改，当你大概阅读简历之后你可能无法获得有效的联系。另外大多平台为保护个人隐私会将求职者的联系方式隐藏，猎头需要先通过平台与求职者取得联系，获得对方的联系方式后才能进行下一步沟通。而有些求职者往往在平台上的回复较慢，这也加重了猎头的工作量。

(二)社交圈内寻找

"物以类聚，人以群分"，社交圈子已成了人类社会生活的一种方式，在猎头为企业搜索合适的人才时，利用特定的社交圈更容易定位人才。因此猎头要非常注意社交圈的维护，定期的问候、节日以及生日的祝福、行业内发展趋势以及优质岗位的分享，这些都是很好的方法。猎头最开始可能尝试不同的领域，在找到适合自己的舞台之后专注于某一个行业领域，随着从业时间的增长逐渐积累属于自己的人脉，这些人脉往往是猎头拿下企业职位的关键。我们不难看到，一位年薪 80 万元的候选人，身边聚集一批拥有年薪 50 万～100 万的朋友。对于猎头而言，候选人不仅可以推荐给企业，还可以为猎头的项目献计献策，甚至起到打开某个圈子的桥梁作用。例如，在知名汽车公司任高层领导的人，他的圈子基本上是同汽车有关的。企业在招聘汽车业的高端人才的时候，就可以从这个人入手，接触到汽车界的精英。

1. 社交圈内寻找的优点

省时省力，利用社交圈定位人才是猎头最常用的方法。许多猎头在拿到职位后会在自己的朋友圈发布岗位信息，感兴趣的人都可以推荐或了解，属于广撒网的行为。

2. 社交圈内寻找的缺点

需要前期大量的积累。对于没有人脉和资源的新手猎头来说这个方法并不适用，这需要大量的人脉的积累，也意味着前期需要投入较长的时间，在一定时间积累后才能有所回报。另外，在岗位上的工作人员往往不会放弃了解外面的工作机会，这会导致，他们和猎头聊很多，但内心没有换岗位的想法，只是想了解，或者只是为了收集情报。

阅读材料

位于中国食品城漯河的 WH 食品公司要进军海外，需要招聘一位英语口语好的董秘。为此，这家企业便委托猎头，为其寻找一位有上市企业董秘职位经验的人士，要求这位人才要有三年以上的同岗位工作经验，精通英文。接到项目之后，猎头公司便在公司的人才数据库中找到了符合条件的人才许先生。这位许先生曾被这家猎头公司猎头过，但并没有成功。在猎头期间，许先生同猎头顾问张女士因为同是河南南阳老乡，颇有眼缘。于是，猎头公司再次派张女士去说服许先生；然而，这一次同上一次结果一样，许先生所在的公司发展势头大好，老总正在考虑升他的职，许先生更没有跳槽的想法。不过，因为同这家猎头公司打过交道，同张女士也是老乡，便答应为其推荐几个有过董秘经验的朋友，这几个候选人都在各有名企业中任董秘，论经验、资历、能力都不在许先生之下。于是，在许先生的引荐之后，猎头公司同三位候选人有了沟通。最后经过观察和深入交流，猎头公司选中了其中一位候选人，后将其推荐给企业方，考核成功，顺利地签下了工作 offer。其余两位候选人也被记录在猎头公司人才数据库中。

(资料来源：李晶晶. 重筑黄金台：从猎头到招聘流程外包 RPO[M].
上海：上海远东出版社，2020. 略作修改)

(三)人才数据库

利用人才数据库寻找候选人是最直接的方法，人才资源的累积是猎头的核心竞争力。每一个猎头公司都会有自己的人才数据库，这与招聘网站类似，人才数据库寻访也需要搜索关键词，但是人才数据库内会包含候选人的过往跟进沟通记录、推荐职位和相关的评价等信息，帮助猎头精准定位目标人才，提高寻访效率。当然具体情况各个公司有所不同，但最终目的是相同的，建立公司内部数据库，不断扩大自身优势。

猎头应该在企业人才数据库的基础上建立属于自己的人才数据库。什么情况下才能成为你的候选人，存放在你自己的人才数据库中呢？第一，了解候选人的全部基本信息，包括年龄，家庭与婚姻状况，住址，联系方式，就业岗位以及企业等。第二，与候选人见过面，对候选人较为了解，包括职业规划、就业意愿等。第三，完善的人物画像，了解候选人的性格特点，候选人是否相信猎头。当猎头充分了解候选人之后，在遇到合适的岗位时，能第一时间想起自己的候选人，并成功推荐，这是猎头的实力所在。当前，大数据技术的发展可驱动猎头利用爬虫等技术，在互联网上累积人才信息，不断扩充人才库。

1. 人才数据库的优点

方便快捷，定位精准，帮助猎头提高寻访效率，达到事半功倍的效果。对候选人的充分了解可以省去前期大量的调查时间，特别对于寻访周期短的岗位是最佳的办法。

2. 人才数据库的缺点

需要猎头花费大量的时间积累，前期时间成本投入较大，且数量有限。在这个过程中需要取得候选人的信任，这非常考验猎头的专业能力。

寻访的途径多种多样，往往同时展开，弥补各个途径存在的欠缺。开展寻访工作是为企业找到合适的候选人，这是猎头工作的核心价值。在这个过程中了解、接触、认识很多的候选人，但是只有几个是适合正在寻访的岗位，可以同时了解这些优质的候选人，为之后的岗位做准备。猎头永远在行动的路上。

三、了解候选人意愿

通过上述途径与候选人取得联系方式后，我们需要向候选人介绍我们正在招聘的职位，了解候选人是否对该职位感兴趣。如果感兴趣我们可以与对方深入沟通，继续推进展开后续工作；如果不感兴趣，只要候选人不排斥我们也可以继续沟通，获取候选人更多的信息。比如，就现在的工作情况，为什么不考虑新的工作机会，积极保持联系，他可能会成为你后面岗位适合的候选人。

那么，如何与候选人展开有效的沟通了解候选人的意愿呢？我们可以利用以下的话术，再加上沟通时灵活的展开话题。话术只是参考，是我们沟通的整个方向，我们的核心目的是了解候选人。

(一)问好与自我介绍

接通电话主动问好，"您好，请问是×××先生/女生吗？我是专注于×××领域的猎头顾问，我叫×××。"确保你的电话是打给了你需要联系的候选人，以免出现张冠李戴的现象。如果候选人换了联系方式，那么只能通过其他方式再寻找，尽量取得联系；如果是打给了候选人的亲人朋友，同样可以表明自己的身份，询问候选人的联系方式。

提示：顺利打好一次电话没有那么容易，拨打10次电话可能只有5次能打通，其中还有三次对方一听到你是猎头就挂断了，被拒绝是经常的事，你还有可能遇到不礼貌的人。但是不要轻易放弃，被挂断了直接开始下一个，调整好状态和语气，虽然是电话的形式展开，但是电话对面的人也是能感受到你的情绪的。学会主动破冰，会有更多种可能的出现。

(二)询问是否方便通话

在做完简短的自我介绍之后需要确认对方是否有时间通话，"我手上有××企业的××岗位，您现在方便接通电话吗？"或者"我在××网站上看到了您的简历，不知道您最近是否在看新的工作机会呢？"如果对方表示现在不方便，那你可以和候选人另外约一个时间，"那您大概什么时候方便呢？我到时候再联系您。"如果对方表示没有在看新的工作机会，尽量和对方多聊几句，看对方是短期不考虑新的工作机会，还是不考虑这类工作机会，或者是其他原因。适当了解对方的工作性质，获得有效的联系方式，如果后续有合适的工作机会仍然可以推荐。

提示：有的候选人警惕性比较高，语气上咄咄逼人，可能会质问你为什么有他的联系方式，不要慌张，耐心解释在××网站上看到了您的简历与我手上的岗位比较合适，或者朋友推荐了您，觉得您可能对这个职位感兴趣，所以联系到了您。

(三)简单介绍企业，了解对方意愿

大致介绍目前推荐的职位状况和企业的背景内容，但是不要直接亮出底牌，我们主要是以此为契机对候选人有一个初步的了解。需要获得的信息大致包括：目前所在

的公司、工作职能、职位等级、目前的所在地以及可接受工作所在地、目前薪资、期望薪资。整理所获得的信息，结合企业的需求进行比对判断候选人是否基本符合企业要求，是否对这个职位感兴趣。

提示：有些候选人对自身隐私的保护意识比较强，有的候选人不愿意透露自身的信息而是忙着询问你手上有什么岗位。如果你手上暂时没有岗位也可以和对方说，"我在帮××企业，招聘××岗位的员工，不过这个职位是保密职位具体的我暂时不方便向您透露更多，如果您感兴趣的话我们可以深入沟通一下。"以此来降低对方的警惕。

(四)获取对方简历，判断是否值得推荐

这种通话时间一般维持在 15 分钟左右，觉得谈话差不多结束时可以询问对方常用的联系方式，或者与对方交换一个微信，拿到对方的最新简历。之后我们可以通过阅读最新简历再一次进行评估，根据对方的工作经历判断对方是否可能是企业想找的人选。

提示：如果对方答应得很爽快，但是没有拿到对方的简历或者发送微信好友申请迟迟没有通过，这种情况也是可能存在的，且无法避免。所以，我们要在有限的时间内多联系候选人，尽最大的可能获取对方的简历或者顺利地展开下一步的沟通，以此来减少损失。

阅读材料

某猎头公司的地区合伙人，花了 5 年的时间从最初级的猎头顾问做到了年薪百万的猎头。她惊人的成长速度不是个例，是背后不服输，敢打敢拼的精神在支撑着她不断进步。当她提到她最开始从事猎头行业的时候，从电话联系候选人开始。但是刚进入这个行业，人脉经验不足，拿到的岗位又急，只能一边哭着一边打电话。但是如今她也成了事业有成的区域合伙人，同时也非常热爱生活，参加地区马拉松，爬山看风景，活成了自己的模样。

第三节　简　历　筛　选

简历是求职者向用人单位展示自身能力和经历的重要材料，是求职者的敲门砖。对于猎头而言，如何快速、准确地筛选出适合企业的人才是猎头的基本功之一。通过简历筛选，可以快速对候选人的岗位现状、离职可能性与动机、薪酬水平等情况进行初步的了解；及时过滤掉不合适的候选人，挑选出优质的候选人；在简历中提取重要信息并挖掘存疑的问题，寻找突破点，为下一步沟通做准备，提高招聘效率；有效整合信息，建立属于自己的人才数据库。

下面我们将结合本章的案例与讨论来说明应该如何进行简历筛选。

一、个人基本信息

简历筛选的第一步是根据客户企业的要求对候选人的基本信息，包括年龄、性别、婚姻状况、籍贯、住址等进行了解，可快速将不符合条件的候选人排除在考虑范围之外。

(一)年龄

年龄与劳动者的体力与智力密切相关，部分岗位对招聘年龄有门槛要求，因此猎头在简历筛选时首先要关注候选人是否超过了招聘岗位的年龄红线。例如案例中的候选人 B，年龄已经接近 50 岁，需要与客户沟通是否符合岗位的年龄要求。

(二)居住地和籍贯

籍贯和居住地会影响候选人对于工作的意愿，特别是存在夫妻异地工作的候选人，要深入发掘工作动机和家庭情况，了解候选人家庭对其工作的支持度。例如案例中的候选人 A 和 B 均居住在中国，而岗位需外派到美国，异地工作需克服跨文化的挑战，还要解决工作和生活的难题，因此猎头需要了解候选人甚至其家庭对外派工作的态度，判断其是否能适应候选人在工作和家庭中的利益权衡以及顾虑。

(三)语言能力

若岗位对候选人的语言能力有相应要求，那么猎头有必要对候选人进行语言测试，了解候选人对语言的掌握程度，能将英语作为工作用语还是用于书面沟通。例如案例中的岗位需将候选人外派到美国工作，因此猎头还需要对候选人的英语能力进行进一步测评。可以在后续沟通中利用英语与对方进行简短的沟通，例如，要求对方用英语做一个简短的自我介绍，以此查看英语的掌握程度。或者了解对方是否有获得相关的英语等级证书。

(四)婚姻状态

已婚已育的候选人会需更多关注家庭，工作决策往往要考虑家庭整体收益最大化，包括配偶工作、子女教育等，因此大部分候选人会更偏向于家庭所在地区的工作机会。例如案例中候选人 A 已婚已育有两个小孩，那么孩子教育问题必定会对候选人的择业有影响，作为猎头需要了解他的真实想法以及顾虑，我们能否提供相应的帮助降低候选人的顾虑。

(五)当前薪资和期望薪资

薪酬是候选人关注的关键要素之一，因此猎头需要详细了解当前候选人的薪酬待遇情况，且不能只掌握薪酬总额，还要关注具体明细和构成，这样才能便于与客户所提供的岗位进行比较，容易找到突破点。另外，对于候选人期望的薪资，也要关注是否合理。一般而言，候选人跳槽都会期望薪酬待遇会有所提高，所以对于案例中候选人 B 来说，期望薪资与当前薪资相同，这需要猎头与候选人进一步确认。但是，期望薪资是否比当前薪资高出太多，也是猎头下一步需要进行了解的内容，例如案例中候选人 A，期望薪资差不多是当前薪酬的 2 倍，这是比较少见的。

二、教育背景

(一)学历和学位

根据企业需求和职位说明书(JD)，要关注候选人的学历和学位是否满足要求。通常，高科技公司或研发类职位对技术方面的要求较高，因此对候选人有较高学历和学位的要求。另外，在一些涉外岗位招聘上，拥有海外教育背景的候选人在同等岗位的竞争中会更有优势。

(二)专业

根据职位说明书(JD)，要关注候选人的专业是否与岗位匹配。一般来说，技术类职位对专业的要求比较高，因为跨专业的人士在专业技能可能存在欠缺，这意味着需要投入更多的时间和资金进行培养，企业的利益将会大打折扣。在案例中，候选人 A 的林学专业与汽车行业大客户经理的专业要求不太匹配。

三、工作经历

(一)过往工作的工作内容

客户企业往往会更希望获取有相关丰富工作经验的候选人，因此猎头在进行简历筛选的时候，要重点查看候选人过往工作的工作内容与职位是否相关。一般过往工作的工作内容与职位的相关度在 70%左右是比较合适的。这是因为过多工作内容不熟悉容易打击候选人的积极性，影响工作效率，也会给企业带来很大的麻烦；而对工作内容 100%熟悉会影响候选人的创造力，缺乏工作激情，不利于候选人的自身发展，影响企业管理。对工作内容有 70%的熟悉度代表着候选人不需要经过太长时间培训就可以直接上岗，快速适应工作；还有 30%的工作需要学习和培训，能让候选人对新工作保持一定的新鲜感和兴奋度，有利于创新和提高绩效。

(二)过往工作的任职时间

1. 任职时间长短

任职时间长代表稳定度好，任职时间短代表工作不稳定或跳槽频繁。在简历中，如果候选人的工作经历出现频繁跳槽离职的情况，那么他将是一位有待考察的候选人。出现频繁跳槽情况的原因有两种：第一种，在不同行业内跳槽，候选人通常对于自身职业没有明确规划，且行业内专业知识不够充足，换工作比较随意；第二种，同一行业内跳槽，候选人通常拥有比较全面的专业知识，但难以认同企业文化或者对工作有自己独特的需求而导致跳槽。例如在案例中，候选人 B 的第二段工作经历工作任职时间只有一年，那么猎头就需要重点了解其离职原因，看是否有什么隐情。

2. 任职时间顺序

除了要关注候选人简历中每份工作时间长短外，任职时间顺序是否紧密衔接，是否有中断或重叠也是我们要关注的重点。例如，在案例中，候选人 A 在大学毕业后与第一份工作经历之间有一年的空白期，候选人 B 的第一次和第二次工作经历之间也存在两年的空白期，这段时间他们在做什么是猎头后续要重点了解的地方。

(三)每段工作经历

1. 工作单位信息

工作单位信息包括单位性质(国企、外企、民企、政府事业单位等)、规模(大型、中型、小微型企业等)、所属行业(汽车、化工、通信等行业)等。一个员工合理的职业发展应该是从小企业到大企业，所在公司的规模不断扩大，所属行业也比较稳定。如果候选人不断跨行业，所在的公司规模不断变化，那么候选人的稳定性及对自身职业的规划清晰程度有待考察。另外，由于单位性质存在差异，各种单位的工作环境与节奏存在差异，如果员工在较为安逸的国企环境中工作时间太长，可能不太适应外企高压的工作节奏；或在民企工作时间过长对于外企需要使用外语交流的工作可能也无法胜任。

2. 汇报对象

汇报对象包括之前的工作是单线汇报还是多线汇报。多线汇报比单线汇报的难度更高，更为复杂，单线汇报的候选人不一定能适应多线汇报的岗位，但多线汇报的候选人基本能适应单线汇报的岗位。汇报对象是中国人还是外国人。汇报给外国人设计到跨语言沟通，这样可以判断候选人的外语水平。是否跨区汇报，因为时区的原因，如果涉及跨区汇报必定会涉及双方时间的调节，难免会出现加班现象，或者凌晨工作等，可以由此考验候选人的抗压能力。

3. 下属人数

根据管理下属的规模和幅度，可考查候选人是否具备带领团队的能力和管理经验。结合候选人原来职位和企业的规模，可以推断出是否合理，是否有虚高的情况。这有可能是候选人故意把人数往高了说，营造一种自己管理能力很强的假象。另外需要了解候选人在管理中是过程的全部把控还是结果管控。两者的区别在于，过程的全部把控是指，在项目开展的过程中不断和团队沟通协调，遇到问题需要出谋划策解决问题。而对于结果的管控只需要定期验收结果，给团队制定目标，并确保结果达到预期标准。

4. 工作职责

可关注候选人的职位头衔和职责如何变化，例如是否持续晋升。如果他的职位忽大忽小，那么很有可能是因为企图规模存在差异。举个例子，一个候选人在某公司 A 中担任的是某部门的总经理，但是在某公司 B 中他的能力可能只能担任部门的普通职员。如果候选人工作是以项目形式开展的，可以了解其每段项目经历，包括项目名称、项目周期、扮演角色、项目业绩等。例如案例中，候选人 B 的第一份工作是实验室工程师，第二、第三份工作经历则都是大客户经理，工作岗位和职责发生了巨大变化，转变的动机是猎头需要关注了解的。

5. 工作业绩

需了解候选人的突出工作业绩表现，以此来判断候选人的工作能力，包括历年绩效考核结果，是否有获奖、表彰等。例如，对于销售人员而言，可以用候选人上一个季度的销售额来衡量候选人的专业能力；对于技术人员可以用候选人团队研发的数量以及交付质量作为参考。

6. 离职原因

掌握候选人每次工作经历的离职原因，能帮助猎头更深入了解候选人职业变动的动机和依据，有助于后续招聘工作的开展。如果是主观原因，要注意候选人上个岗位离职的原因，不要为候选人推荐类似的职位，在可行的基础上尽量满足。如果是客观原因，那么应该考虑候选人是不是存在能力上的不足，是否符合该岗位的要求，能否胜任工作，或者是品行性格等方面不适合企业等原因。但是要判断是否存在隐藏的原因，确保信息的可靠性。

通过简历筛选，把表现突出的人选履历做成正式的推荐报告发送给客户，接下来就是等待客户反馈和安排面试了。但是，我们要注意，阅读简历要抓重点，但不要迷信于简历，因为简历内容只反映了候选人的部分信息，全面真实的信息是需要进一步深入交流才能获取的。

本 章 小 结

1. 寻访工作的前期准备共包括四点。①确定企业人才的需求。一般而言，企业人才的需求可以总结为"4W1H"(Who、Why、What、When、How)，即岗位名称、为什么招聘、岗位职责和要求、希望人选何时入职以及如何找到目标人选(寻访方向和手段)。②明确企业给予的条件。猎头公司对于公司规模、未来前景、公司口碑、老板魅力、公司位置、企业能够给予的薪酬福利、职位待遇、候选人个人发展前景等信息越了解、越详细，越有利于猎头后续寻找候选人。③行业洞察。猎头在开展寻访活动之前，要对整个行业状况进行评估与分析，也就是要认清整个行业的人才待遇和竞争状况。④分析人才的来源：一个行业内优秀的人才的数量在短期内是相对固定的，但具有一定的流通性，我们既可以在对手企业中寻访，又可以跨行业寻访。

2. 开展寻访工作要根据实际情况确定寻访周期、选择寻访渠道、了解候选人意愿。

3. 简历筛选：快速、准确地筛选出适合企业的人才是猎头顾问的基本功之一。简历筛选一般要关注三类信息：个人基本信息(包括年龄、居住地和籍贯、语言能力、婚姻状态、当前薪资和期望薪资等)、教育背景(包括学历和学位、专业等)、工作经历(包括过往工作内容、过往任职时间、每段工作经历等)。

课后思考题

1. 简述影响编制职位说明书的因素。
2. 简述开展寻访工作的渠道以及优缺点。
3. 简述电话沟通的话术以及应当获取的信息。
4. 简述简历筛选的方法。
5. 简述简历筛选的目的及意义。

案例与讨论

汽车行业大客户经理招聘

A公司是一家专注于工业机器人产业的高科技公司，该公司于2020年在科创板上市。公司以通用机器人研发制造为基础，在喷涂、焊接、码垛、搬运、上下料等多个应用领域提供解决方案，广泛应用于汽车及汽车零部件、3C电子、光伏、锂电、金属制品、家具、家用电器、食品饮料等各行各业。公司的机器人和解决方案遍布全国，并出口到欧洲、亚洲、非洲、大洋洲等多个国家和地区。公司正在成为一家全球型的公司，在亚洲、欧洲、美洲等地设有本地公司与分支机构，并通过整合全球资源来帮助客户来提升竞争力。

为了更好地服务客户，开拓美国市场，A公司计划新增美国公司汽车行业大客户经理职位，工作地点在美国底特律。该职位需要如下具体事务。

1. 负责美国市场的战略客户开发，包括机器人产品端的灯塔客户开发，维护现有客户关系，促成销售目标，达成销售业务。

2. 利用对汽车行业敏锐的洞察力，能够快速识别目标潜力客户，可以针对各种客户类型做相关的方案并主导项目的达成。

3. 利用行业展会及论坛等推广公司产品，提升产品美誉度，扩大企业影响力，从各个维度促成营收目标的达成。

4. 根据公司产品和技术资源，开发新行业客户，配合市场部定义新产品。

5. 配合客户做项目售前可行性论证，以及项目实施进度跟进及资源协调。

6. 定期完成各项过程管理，包括不局限于CRM的填写及销售指标，不断提升产品的市场占有率。

以下是两位候选人的简历节选。

候选人A

一、基本信息

出生年月	1991年10月
性别	女
国籍	中国
语言	英语流利，有过海外工作经历(外派美国工作)
居住地	杭州临安
婚姻状况	已婚已育(二胎)
到岗时间	一个月内
目前薪资	年薪税前329.76K 固定薪资：21K×12 奖金(Bonus)：3个月月薪 通讯补贴：0.3K×12 餐补：15元/天 车补：0.6K×12
期望薪资	年薪650K

注：K代表千，即英文"Kilo"的首字母。

二、教育背景

2009.09—2012.07	中南林业科技大学	本科	林学

三、工作经历

工作时间	公司	职务
2018/05 至今	DLX 汽车车身电子系统(杭州)有限公司	客户经理
2013/06—2018/04	JXJ 汽车内饰股份有限公司	销售经理

候选人 B

一、基本信息

出生年月	1974 年 1 月
性别	男
国籍	美国
语言	英语流利，可作为工作语言
居住地	上海市
婚姻状况	单身
到岗时间	收到 offer 后一个月
目前薪资	税前年薪 900K 左右
	固定部分税前 60K/月×12 薪
	浮动部分：年终奖 1～3 薪
期望薪资	税前年薪 900K(可面谈)

二、教育背景

1995/07—1999/07　华东船舶工业学院(江苏科技大学)　硕士研究生　汽车工程专业

三、工作经历

工作时间	公司	职务
2008/10—2020/10	SDKLB(中国)投资有限公司	大客户经理
2007/08—2008/10	GTX(上海)汽配制造有限公司	大客户经理
2001/07—2005/08	YFBLD	实验室工程师

(资料来源：本案例选自浩竹猎头中心猎头案例，略作修改)

请根据上述案例回答以下问题。

1. 请根据企业的招聘需求，总结归纳该职位的岗位 JD(工作职责+任职要求)。

2. 根据简历筛选，你更倾向于推荐哪位候选人？为什么？

微课资源

扫一扫，获取相关微课视频。

4.1　寻访方案制定　　4.2　开展寻访工作　　4.3　简历筛选

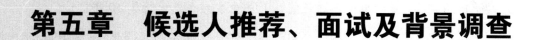

第五章 候选人推荐、面试及背景调查

【学习目标】

通过对本章内容的学习，学生需要做到：

1. 了解推荐候选人的流程以及注意事项；

2. 理解调查候选人背景的意义及作用；

3. 掌握调查候选人背景的方法；

4. 掌握候选人面试及洽谈技巧和注意事项。

【引导案例】

A集团公司是行业TOP10的地产公司，委托猎头招聘区域副总裁。负责项目执行的猎头顾问W寻访到了L先生。L先生是一位非常优秀的经理人，曾经在某大型国企控股公司工作了10年，从基层一线员工一步步上升为大区第一业务负责人。A集团公司Z老总亲自与L先生面谈过3次，十分满意。

猎头顾问W本以为CASE到此应该算是顺利完成了，没想到事情却出了差错。猎头公司依据程序对L先生进行背景调查时发现，L先生并没有学士学位证书，学信网也没有他的学籍档案，这可是大问题！这样的调查结果不仅和L先生本人的说法不符，同客户公司对管理层在学历上面的要求也不符。

按理来说，猎头公司在对候选人的背景调查中发现什么不妥的信息之后，就会汇报给客户企业，客户企业依据情况来决定是否向候选人发offer。而猎头顾问W并没有这样做，他认为有必要对候选人的背景进行第二次详细调查。因为如果L先生的学历信息是虚假的，那么为什么之前任职的控股企业没有发现，要知道这家企业对管理层学历的要求更是苛刻，怎么还能让L先生安然无恙地待了10年？

于是，带着这个疑问，猎头公司开始了对L先生学历的调查：一是同L先生沟通，观察他是否存在诚信问题；二是去L先生曾经就读的高校调查；三是同L先生原工作企业沟通，查看L先生的履历是否存在诚信问题。

经过三个方面的调查，真相最终浮出水面：原因是校方管理不善，导致部分学生学籍丢失，而L先生就是其中之一，导致L先生在毕业之后没有学历证书，同时，在学信网上也没有他的资料。当时校方出具了一份证明材料并说明原因，L先生就职的控股企业也就承认了他的学历。所以，猎头公司经过背景调查，并没有发现L先生存在学历造假的行为，也不存在不诚信问题。

最终，这份长达14页的《学历专项背调报告》顺利让L先生入职A集团公司，这份背调报告总结了累计近三十名证明人的证词，基本分为几大类：L先生在国企工作期间的同事(业务口上下级、行政人事相关责任人)；与L先生有同样遭遇且目前事业有成的大学同学；L先生就读的高校档案馆、学籍处、学院、教务处等多个校方部门。同时，这种分量的背调报告，还需要一些官方、媒体的佐证，比如最具权威的《中华人民共和国教育部令第 21 号》、有关高校 X 事件的报道等。

(资料来源：滕超臣. 像猎头一样做招聘[M]. 北京：北京理工大学出版社，2016. 略有改动)

思考： 猎头向客户公司推荐候选人时需要注意哪些问题？

第一节 候选人推荐

猎头完成候选人寻访和简历筛选后，一般可以初步确定大致 5～10 人的候选人列表。下一步需依据岗位的测评指标对候选人进行甄选和深入沟通，其中，最常见的甄选方式是面试。通过面试，主要测评候选人的性格、管理能力、专业知识与技巧、工作成就、长处与不足、离职原因等。在测评的基础上，猎头需要撰写评估报告，对候选人进行综合评价，最终确定推荐的候选人名单。

一、候选人推荐流程

寻访完成后，猎头需要对候选人进行初步了解，并让候选人对企业有一定印象，以此来判断候选人是否对这个机会感兴趣。对于感兴趣的候选人，猎头会进行进一步筛选，并对候选人的简历进行修改和补充，随后，将优化后的简历交给企业方查看。如果企业方认为合适，双方约定合适的面试时间。如果企业方认为候选人不合适，猎头应询问其不合适的原因，然后根据新的要求再次寻找合适的候选人。如果候选人面试未通过，猎头需向企业方询问在面试过程中出现的问题，然后重新调整寻人需求，直到找到合适的候选人。

在这个过程中，猎头会压下最匹配的候选人 A 的简历，发送其他符合要求的简历给企业方。企业方会根据收到的简历进一步细化职位要求。例如，某汽车企业招募项目经理，职位说明书写着年龄不超过 45 岁。但当猎头发送候选人 B(年龄 44 岁)的简历时，企业方可能会回复希望年龄不要超过 35 岁。经过两三轮试探后，如果手中的候选人 A 仍然符合要求，可将其简历发送给企业方。企业方在收到其他候选人的简历后进行比较，选择候选人 A 的可能性就更大。这也就是我们常说的"货比三家"。在比对过程中，企业对候选人的要求也会更加详细，进一步明确他们想要找的候选人类型。寻访流程如图 5.1 所示。

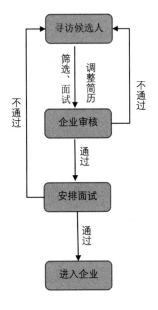

图 5.1　寻访流程

二、面试候选人，确定拟推荐人选

从各种渠道搜索出来的人才还需要经过进一步的面试和筛选。原因是：一方面，简历的信息不够及时和完善，候选人工作经验可能发生了变化，候选人性格、工作风格等方面的特质无法通过简历获取。通过面试可以更深入地了解候选人专业技能等其他信息，从而判断候选人是否符合企业的人才选择标准；另一方面，最初获得的候选人名单中的部分候选人可能因为家庭、薪资等各方面原因暂无更换工作的想法，这类人员也需要从候选人列表中排除，最终选出 1～2 人作为拟推荐人选。(具体的面试方法将在下一节进行详细介绍。)

对候选人进行筛选的标准是人才与岗位相匹配，要找最合适的而不是最好的。猎头提前面试候选人可以在更加充分地了解候选人后可以更有针对性地为其推荐合适的岗位，也能更好地判断候选人是否适合该企业，这有效地减少了双方的时间和精力成本，大大提高推荐效率，同时也能保证推荐质量，并同双方建立信任关系(猎头同企业之间的信任关系，猎头同候选人之间的信任关系)。为了进一步精准匹配企业需求，猎头会将最终拟推荐的候选人简历发给客户企业，再根据反馈信息决定是否需要再次筛选候选人。反馈这一环节非常重要，作为猎头顾问一定要做到主动询问，及时跟进。

三、约见候选人，安排面试

优秀的猎头从不推荐没有见过面的候选人。约见候选人的谈话过程相对于面试更为轻松，主要是为了对候选人进行更加深入的了解，对候选人的感受也更直观。即使给企业推荐的候选人是猎头之前已经见过的，仍建议猎头在同企业协商安排面试之前重新与候选人见面，了解其最新动向(主要是考察候选人意愿是否发生变化)，是否符合企业需求。如果是一些紧急的职位而且找到的候选人并不熟悉，猎头可以将约见候选人环节与面试环节相结合，节约时间成本。在安排候选人到企业正式面试前需要提交一份书面报告给企业方负责人(报告字数不易过长，简短精练即可)，报告以猎头的专业视角对候选人展开客观的评价，这也是企业方负责人对这个候选人的最初印象来源，是今后企业方负责人做出评判的参考资料之一。

在约见候选人的时候，如果时间条件允许，可以在同一地区分时段约见多位候选人，这样可以节约时间、精力和费用成本。约见候选人时，除了观察其表现，还可给予一些专业的建议，提升竞争优势。面试结束后，猎头需要主动关心候选人的面试结果以及面试过程中的真实感受，如果面试失败双方共同分析失败的原因，了解候选人的优劣势，保持良好的沟通，方便后续推荐合适的工作机会；如果面试成功则送上祝福，让对方感受到你是一个有责任心的猎头顾问，积攒自己的口碑。同时，猎头还要询问企业方负责人，比如候选人在面试过程中的表现如何？站在企业的角度考虑，判断她/他是否适合本企业所招聘的岗位？是哪里不适合？候选人的面试失败后，企业对于岗位人才的要求是否有改变？也可以询问企业方负责人对于候选人的评价。

阅读材料

一个高科技上市公司要通过猎头公司招聘销售团队，领导交给猎头顾问小李来执行。

经过了前期辛苦的搜寻工作，小李在既定的两周时间内找到四五位候选人，并把他们推荐给了客户公司的中国区人事和财务总监 S.M 先生。他看过简历和小李的推荐报告后，当即表示有兴趣约见这几位人选。面试地点就在他的公司。

可是，就在面试的那天上午，当小李再次浏览候选人的报告时，猛然发现有两个面试时间相邻的候选人 X 和 M，虽然他们目前不在同一家公司，但是，他们曾经在第三家公司短暂共事过，而且，在同一个部门！

X 先生的面试就安排在 M 先生之后，中间隔了半小时。根据经验判断，一般这样的时间间隔，前后两个人选应该是不太可能碰面的，除非前一个候选人面试严重拖延或者第二位候选人来得太早。尽管如此，为避免出差错，小李还是在 M 先生与客户面试进行过程中，给人事经理打了电话，向她解释了两位候选人的关系和小李的顾虑并强烈要求把随后赶来的 X 先生安排到他们公司的另一个楼层等候面试。人事经理接受了小李的建议，说会安排。

然而，过了十几分钟，人事经理打电话说，X 先生提前好长时间就到了，正赶上 M 先生面试结束走出房间。两个人打了个照面，但是没说话，我当时一下子就感觉不好了。果然，中午时，X 先生打电话给小李，直接就发了一顿暴脾气，他指责小李面试安排得很差很糟糕，他与前同事狭路相逢，令他很难堪；他指责小李做事非常不专业，因此他不准备再继续面试这个岗位了。然后"啪"一声狠狠地挂断了电话。小李一下子像被雷劈了一样，脸红彤彤地杵在那里，那顿午饭，小李根本都没心思吃。待心情稍微平复后我给 M 先生打了电话，希望从他那里再了解一下情况。与 X 先生的表现截然相反，M 先生很客气，给我详细地回顾了上午面试的情形和个人感受。他说总体感觉面试得不错，客户对他的经验比较感兴趣，如果客户给他进入二面的机会，他将非常愿意与之进一步面谈。然后他轻描淡写地提到，面试结束时遇到了 X 先生。事已至此，小李就如实告诉他 X 也是推荐去面试同一岗位的，希望他不要介意，因为每个人都有各自的优势。M 先生很大度地表示没有关系。虽然后来小李的领导也曾尝试与 X 先生沟通，但 X 先生依然决然地退出招聘流程，这令小李感到遗憾。

没过几天，M 先生忽然打电话告诉我说，应该是 X 先生向他现在的老板通风报信，说他在外面面试了，他老板找他谈话了。事情倒没想象的严重，他老板只是试探他的真实想法。小李顿觉很内疚，向 M 先生连声道歉说，由于工作的疏忽导致这些状况的发生。M 先生真的是个宽怀大度的人，他安慰小李说他已经向老板解释了，老板不会对他怎么样，这事暂时不会影响到他目前的工作，他还劝小李不要有太大压力。当时真的让小李非常感动。后来，小李从客户那里了解了两位人选的面试反馈。客户的总体评价是 X 先生最合适他们的空缺岗位；M 先生也不错，但是英文口语能力相对没有 X 先生好，因此他们首选 X 先生。当我告知客户 X 先生由于特殊原因决定放弃该机会后，客户表示有些吃惊，也深感遗憾。退而求其次。他们慎重考虑后同意 M 先生进入最终面试。这场面试，因各种原因拖延了大概一个多月才进行。遗憾的是，经历了这么多坎坷后，M 先生最终却没能被录用。

归根结底，由于小李当时的工作疏漏，给两位候选人带来的面试体验都很糟糕。客户虽然没有指责小李的过失，但是经历了如此曲折的过程，他们最终却没能在预期的时间内找到合适的人才。

(资料来源：李晶晶. 重筑黄金台：从猎头到招聘流程外包 RPO[M].

上海：上海远东出版社，2020. 略作修改)

第二节 候选人面试及洽谈

面试是一种经过组织者精心策划，以面试官对候选人的交谈与观察为主要手段，通过书面、面谈或线上交流(视频、电话)的形式，由表及里测评候选人的知识、能力、经验和综合素质的活动。

猎头的面试与客户企业的面试有所不同。客户企业是从职位出发，遵循企业面试的固定流程，考虑的是这位应聘者与企业职位的匹配程度。而对于猎头而言，最重要的是全面地了解对方，从候选人自身出发，权衡候选人自身的优劣势，为其匹配最适合的工作。换句话说，猎头是站在第三视角的角度上去了解候选人，结合候选人的发展现状以及职业规划为其提供合适的工作机会。在这个沟通的过程中，猎头以手上的职位为沟通的切入口，了解候选人的想法以及真正的实力，收集储存简历信息，为今后的职位存储人才。

一、候选人面试的分类

(一)候选人面试在形式上分为线上面试和线下面试

线上面试包括电话面试和视频面试，线下面试则是直接面对面交流。这两种形式的面试方式各有其优缺点。电话面试相较于线下面试而言，没有地点的约束，有效地节约了赴约面试所花费的时间和金钱，时间也相对更加灵活，可以接受更改且损失较小。线下面试相对于电话面试能更直观地了解候选人的各项能力。心理学表明，人的神态以及一些细微的动作往往能反映这个人最真实的想法。因此，视频面试则是融合了电话面试与线下面试的优点。最佳的面试方法是先对候选人进行一个线上面试，时间大概半个小时，沟通后若认为候选人的能力、技能基本符合企业要求，可以再和候选人约定线下见面，进一步了解其能力。

(二)候选人面试在内容上分为结构化面试和非结构化面试

1. 结构化面试

结构化面试是客户企业和猎头公司在面试环节常用的一种方式。根据岗位需求，用相同的问题，按照一定的评判标准对所有候选人的各项能力进行评判。这种面试方式采用统一的试题和评价标准，能有效节约时间，更具有客观性，且新手猎头容易上手。但是这种面试方式缺乏灵活性，对候选人能力的了解不够深入。如候选人的个人背景、教育经历、工作经验、家庭背景等；专业知识问题，行业内相关的专业问题，尤其是技术岗位对专业程度要求较高。比较适合结构化面试方法的职位有：公务员和事业单位、金融行业、销售岗位等。

2. 非结构化面试

非结构化面试没有固定的面试程序，根据不同应试者的情况选择不同的提问内容和顺序，并可根据候选人的现场反应进行追问。这种面试方式能有效地降低应聘者的心理防御，展示面试者更为真实的一面，但是由于缺少统一的评价标准，主观性较强，对猎头的面试技巧以及专业素养要求较高。比较适合非结构化面试方式的职位有：管理类职位、创意类职位、研究与开发类职位、客户服务类职位等。

(三)面试技巧

面试的质量直接决定了向客户推荐候选人的准确度以及给客户提供服务的专业度。而面试的质量由猎头顾问在与候选人交流中所拿到的真实的信息和反馈来判断。但是在面试候选人的时候，提问后得到的答案是"还可以"这种模棱两可的表达，这给猎头顾问在收集和判断信息上带来了一定的困难。所以在面试的时候可以运用以下四种方法提升面试的质量。

1. 打分法

打分法是指让候选人对某一具体事项进行打分，从而判断这个事项在候选人心中的权重。举例：比如猎头顾问询问候选人："您觉得这个岗位怎么样？"候选人回复："还可以吧！"猎头顾问就可以跟着问："如果 1~10 分，10 分为最满意，您对这个工作的满意程度打几分呢？"以此类推，可以就候选人对你推荐职位和他/她期望的职位的"整体匹配度""交通便利性"和"管辖范围"等一系列进行打分法提问。当拿到候选人的打分后(例如候选人回答：7 分)，猎头顾问一定要追问：那 3 分差在哪里呢？这个追问非常关键，因为可以了解候选人真正的想法和评价标准。

2. 比较法

猎头顾问可以提前准备两个存在一定差异的具体选项，让候选人去做选择并给出选择的理由。举例：猎头顾问手边有两个机会，一个是"外资企业，公司文化好，发展稳定，管理团队大，薪资为市场平均水平，交通距离离家近"；另一个是"民营企业，文化激进，管理小团队，公司快速发展中，企业发展潜力大，但工作强度非常大，工资高于市场水平30%，交通距离离家较远"。猎头顾问可以让候选人去思考选择哪个职位，并一定让其说出选择的理由，从而找到候选人对目标公司和职位的偏好等。

3. 细化法

顾问可以用追问的形式细化数据来验证和判断候选人能力，例如：当顾问在询问候选人当前薪资时，很多人会给出一个年薪总和，顾问一定要追问月薪多少？一年多少固定月份的薪资？奖金多少？津贴有吗？往往通过这些细化的数据，顾问会发现其中水分很大，甚至很多人对自己的整体薪酬其实都没有认真细致计算过。

又例如销售类的岗位，很多销售都能说会道，一张口就说自己全年做了几千万到几个亿的销售额，但是如果顾问细化去追问：你负责的客户是哪几家公司？分别的销售额是多少？这些客户是你自己 BD(商务拓展)的还是公司给你的？这些客户往年给你们的订单量和销售额是多少？和今年比是涨了还是跌了？哪几家客户的销售量在你的手里有了大幅增长？通过细化这些数据，你就会发现很多真相。

4. 行为判断法

在面试几十分钟内，猎头要去了解候选人很多内在的想法是很具有挑战性的，如果猎头顾问偏重于去问关于候选人思维方面的问题，很容易侃侃而谈，最终绕来绕去得不到想要的答案，所以我们不妨设置一个具体的场景让候选人详述他的行为，再通过行为判断候选人的底层逻辑思维和能力。

对场景进行设计的关键点如下。

首先，应确保场景的自然性和真实性，尽量还原所招聘岗位中具体的工作场景，也可以进行适当的加工，增加其矛盾冲突或待解决问题的难度，但一定要保证情境的真实性，合乎现实的逻辑。

其次，角色扮演的情境设计要足够具体，特别是对于情境中的细节描述要准确，如时间、地点、人物关系、事件起因、经过、矛盾点、待解决问题、角色立场及理由等信息，要尽量阐述清楚，使候选人能清晰地明确题目中传达的任务，能迅速进入角色。

最后，角色扮演的情景设计要选取目标岗位中较为典型的或日常工作中频繁出现的工作场景，并且能够充分体现出岗位特点。

二、候选人面试注意事项

(一)提前阅读简历，明确所要问的问题

简历是我们了解候选人的第一途径，可以初步评估候选人是否符合职位的要求，通过简历我们可以了解到候选人的基本信息，如年龄、学历、工作经历等。正所谓"不打无准备的仗"，提前阅读简历可以增加猎头的信心，同时展示猎头的专业性"我是有提前了解过你的"，让候选人有一种被重视的感觉。

当然在阅读简历的时候如果发现什么可疑点，那么在后续的面试中需要多加留心，并问清楚出现这些现象的缘由。因此，提前阅读简历可以帮助猎头了解候选人的经历和背景，便于提出更有针对性的问题，提高面试效率，更好地了解候选人的能力和素质。

(二)注重倾听，善于表达

在面试的过程中，猎头要学会倾听。倾听有以下几个层次：不听；假装听=左耳朵进，右耳朵出；认真听，并记住；同理心倾听。面试中最忌讳的就是猎头一直在提问，或者候选人一直在表达。面试过程中最良好的状态是猎头70%的时间在倾听，30%的时间在提问。猎头在整个过程中应该保持头脑清醒，主导整个谈话流程，把握谈话主动权，并判断候选人所说的内容是否存在疑问。

所谓同理心倾听，就是要表示你在认真听之外，还要表示你听懂了，你和他的感受一样或者有所差别，比如听的时候，不断点头，或者发出"嗯"等声音。大部分候选人特别是高级人才，在跳槽的时候考虑的都很多，我们首先要理解他，同时要告诉他，你的想法，我很理解(体现出"同理心")；然后，我们要弄明白候选人到底为什么犹豫，然后有针对性地各个击破，比如企业文化、薪酬待遇、职级等。要注意的是在操作中需尊重候选人的选择，不能逼迫。

(三)像朋友一样沟通

合理有效的沟通是我们面试的目的。相对于传统的 HR，猎头与候选人的关系更为亲近，会如同朋友一样相处。在这个过程中猎头应该与候选人保持平等的关系，哪怕候选人是年薪百万的高领。愉悦、轻松的沟通氛围会更好地帮助猎头了解候选人，深入挖掘候选人的内在品格特征。

要获得平等的交流，猎头首先要获得候选人的认可，如果候选人不认可猎头，那么就无法沟通。获得候选人认可是建立在尊重候选人的基础之上的，再以猎头的专业性来获得候选人的信任以至尊重。作为猎头要深入了解行业，要靠着对人力资源、心理学等相关专业理论和经验的积累，甚至是人性的把握以及个人的人格魅力的影响等来获得平等的交流的机会。

阅读材料

"毛遂自荐"的典故，毛遂在和楚王开始对话时，是不被楚王待见的，楚王看不上他。那么，毛遂获得自己说话的平等权利，是仗"剑"直言。毛遂以其智慧和渊博的知识赢得了与楚王交流的机会，并最终游说成功。

(四)在脑中建立人物画像

沟通是希望去了解对方，一个合格的猎头会对每一个候选人有一个人物画像，并将人物画像与招聘岗位的要求进行比较。例如：通过沟通的过程我们可以判断候选人是一个健谈的人还是沉默寡言的人；候选人是一个自信的人还是胆怯的人；候选人是一个有冲劲有斗志的人还是一个安于现状的人，等等。更直白的描述就是，你需要足够了解你的候选人，你能向别人准确地介绍你的候选人。

三、面试沟通话术

(一)语言表达类问题

(1) 请您简单介绍一下您自己。(如果需要考察对方的第二语言，可以要求对方用第二语言做一个简短的自我介绍。)

考察要点：语言表达能力，观察候选人的语言表达是否流畅。思维逻辑是否有条理，能否按一定的逻辑顺序介绍自己的经历和能力。自我认知和定位，是否清晰地了解自己的优劣势，有无明确的职业规划和发展方向。人际沟通交流能力以及说话是否有风度等。

(2) 您能说一次您工作中失败的经历吗？(您在工作中有没有遇到什么困难？)

考察要点：如果能迅速作答，则候选人反应灵敏，或可能是由于候选人善于总结教训。同时候选人对情绪的管理能力和抗压能力均较强，在面对困难时能迅速适应迎接挑战。候选人是否愿意分享自己工作中真实的失败经历，对于建立双方的信任有极其重要的作用。

(3) 您有什么优点和缺点？(您认为您最大的竞争优势是什么？)

考察要点：候选人对自己是否有真实、客观的评价，能否承认自己的不足之处，从而发掘候选人的潜力。判断候选人是否能清楚地认识自己，自信、自卑和自傲倾向如何。以及候选人所谈论的优缺点是否与候选人的职业目标与价值观一致。

(4) 请讲述一次让您很感动的经历。(请您讲述一次让您影响深刻的经历。)

考察要点：考察候选人是否感性，共情能力如何，这种能力对于建立良好的人际关系和团队合作至关重要。

(二)工作经验类问题

(1) 您现在或最近所做的工作，其职责是什么？

考察要点：候选人是否曾关注自己的工作，是否清楚地知道自己在工作中承担的职责和角色，也体现了候选人对职位的理解程度和责任心。通过询问具体的工作内容，可以了解候选人在工作中处理工作的方法以及遇到困难时的解决办法。如果说候选人是新接触到了一个工作，那么可以考察候选人对新工作的适应情况，了解候选人是否具备快速适应新环境和接受新任务的能力，这对于具有挑战性的工作岗位而言非常重要。当然也能从中了解到候选人的职业规划，判断是否和企业的发展规划相匹配。

(2) 您认为您在工作中取得的成就是什么?

考察要点:在谈论成就的时候,候选人通常会说到一些工作中遇到的困难和挑战,以及他们是如何解决的,这样猎头顾问就可以了解他们在面对问题和挑战时的思维方法和行动策略。谈论成就的过程可以了解对方对成就的理解,这也是候选人价值观、世界观的具象化体现,在这个过程中了解候选人在工作中追求成功的动力。另外可以了解对方能力的突出点,了解对方的优势,并且可以清楚地了解候选人是否能客观地总结自我,这对于学习和适应新环境相当重要。

(3) 您在以前日常工作中主要处理一些什么问题?(通过对方对自己工作的归纳判断其对业务的熟练程度和关注度。可依此继续追问细节。)

考察要点:最直接考察的就是解决问题的能力,可以了解候选人在面对问题时的思考方法、解决问题的策略以及实际解决问题的能力。另外在解决问题时的应变能力也非常重要,候选人需要运用批判性思维来分析和判断问题的本质,这体现了候选人是否具备逻辑思维和独立思考的能力。当然在解决问题时需要保持冷静和积极的心态,由此可以看出候选人在有一定压力的情况下对自己情绪的管理能力,以及面对挫折时的态度。

(4) 在您以前的工作中有提出过什么良好的建议和计划?

考察要点:了解候选人对工作的创新能力,能不能从不同的角度审视问题,这对于推动团队进步、提升整体创造力十分重要。要追问细节,避免对方随意编造或夸夸其谈。当然也可以了解到候选人在日常工作中的工作风格。

(三)应聘动机与期望类问题

(1) 您最喜欢什么类型的工作?为什么?请谈谈您在选择工作时都考虑哪些因素?如何看待工作待遇和工作条件?

考察要点:可以判断出候选人的职业兴趣和爱好,这可以帮助猎头顾问判断候选人是否会对这个岗位产生持久的热情,能否在工作中找到实现自己价值的满足感。而候选人所看重的因素往往能决定他/她能否接受这个岗位以及将来在这个岗位上工作时长。举例:如果候选人最看重薪酬,那么这位候选人随时可能为了寻求更高薪的工作机会而离职。当你把握住了这一点就可以以此为契机劝说候选人选择你手上的岗位。

(2) 您比较看重我手上这个工作机会的哪一点？您对这个企业有多少了解？您为什么应聘这个职位？

考察要点：如果猎头顾问手上的工作机会没有足够吸引到候选人就算最后通过企业的面试，候选人也不一定是诚心想留在企业工作。另外就算候选人进入了企业，可能不满实习期就会离开企业，这将会对企业造成一定的损失，另外不利于猎头顾问的口碑。

(3) 您对企业提供的工作有什么希望和要求？

考察要点：能大胆而客观地提出要求的候选人值得留意，但是提出不切实际要求的可不予考虑。候选人在面对工作机会犹豫时，这时候如果企业方能满足候选人所提出的要求消除候选人的顾虑，就能促成双方的合作。这就好比"打蛇打七寸"一样，知道对方的弱点，精准打击，能达到事半功倍的效果。

(4) 您喜欢什么样的领导和同事？

考察要点：喜欢什么样的人，自己也将最终成为那种人。企业中团队的力量远远大于个人，能创造的价值也大于个人。同样团队成员之间有自己的风格，如果个人性格不符合团队的氛围那么必然很难拧成一股绳，他/她在这个团队也不会有归属感，容易被孤立，形成小团体。另外每个企业的领导风格有所不同，当候选人在适合自己的领导风格下工作时，候选人会对工作充满激情，创造更多的价值，在工作中也会更加和谐。

(5) 您认为在一个理想的工作单位里，个人事业的成败是由什么决定的？

考察要点：这体现的是个人的价值观。虽说每个人的价值观不同，不同的职位所需要的人也对应着不同的价值观，但个人的基本观念是不能和企业文化相差太远的。企业文化体现的是企业的内在核心力量，驱动着企业内的员工，如若企业的员工不能将企业的文化内化于日常工作行动当中，那么企业的运转将受到阻碍，员工在企业当中也不能体现他/她的价值，不能实现价值的最大化。

(6) 您为什么要选读这个专业？您所学的专业和企业的工作有什么关系？(当对

方专业与本职位关联不大时询问)

考察要点：就现实情况而言，很多候选人的职业发展与所学的专业存在偏差。候选人能否保持学习进取心是这个问题所主要考察的方面。

(7) 您更喜欢什么样的公司？

考察要点：一个企业的发展是相对固定的，所以企业中招募的员工也应该是符合企业公司员工发展要求的。员工在自己喜欢的公司中工作能更有斗志，在企业能更加稳定和长久。同时也能从侧面反映出他/她是一个什么工作风格的人。举例：如果说候选人喜欢制度严明的企业，那么候选人在工作中是一个喜欢按部就班的员工。如果将他/她安排到企业环境较为轻松的公司中，他/她可能无法实现其价值的最大化。

(四)事业心、进取心、自信心类问题

(1) 您个人有什么抱负和理想？您准备怎样实现它？

考察要点：如果候选人表示自己没什么抱负和理想，可以看出候选人是一个比较安于现状，缺乏斗志的人。当候选人谈论到自己的理想和抱负时，一定要记得追问对方问题，避免对方夸夸其谈。

(2) 您认为成功的决定性因素是什么？(追问：您认为自己具备这些因素中的其中哪些因素？)

考察要点：理想的情况是既自信又不狂妄，同时也能正确地评价自己。

(3) 您的职业发展计划是什么？如何实现这个计划？

考察要点：一个优秀的候选人对自己的职业规划是相当清晰的，有计划的人才是真正有进取心。

(五)工作态度、组织纪律性、诚实可靠性类问题

(1) 您认为公司管得松一些好还是紧一点好？(无标准答案,关键在于对方思路。)

考察要点：猎头主要从候选人的回答中判断出候选人是一个什么样的人。

(2) 你在工作中喜欢经常与主管沟通、汇报工作，还是最终汇总做一次汇报？(无标准答案，工作习惯问题。)

考察要点：如果是经常与主管沟通、汇报工作的候选人，那么他的沟通能力较强；而最终才汇报的候选人，喜欢拥有一定自主支配的权利，解决问题时独立性较强。当然这两种并无好坏之分，主要取决于上级的领导风格。如果上级领导是推销型领导风格，希望对每一步进行把控，那么必然会更喜欢前者工作风格的候选人；但如果上级领导是参与型领导风格，喜欢将权力下放，那么他会更喜欢后者。

阅读材料

领导风格是指领导者的行为模式。领导者在影响别人时，会采用不同的行为模式达到目的。企业领导风格就是习惯化的领导方式所表现出的种种特点。习惯化的领导方式是在长期的个人经历、领导实践中逐步形成的，并在领导实践中自觉或不自觉地稳定起作用，具有较强的个性化色彩。每一位领导者都有与工作环境、经历和个性相联系的与其他领导者相区别的风格。领导风格研究的理论价值和实践意义在于它更能反映现实的领导活动，解释领导有效性的差异。

著名的心理学家和组织行为学家保罗·赫塞(Paul Hersey)和管理学家布兰查德(Kenneth Blanchard)在20世纪60年代提出了情境领导理论(situational leadership)。该理论认为，领导者的行为要与被领导者的准备度相适应才能取得有效的领导效果。因此，掌握领导风格的知识就成为当代职业经理人的必修课。

领导风格由两种领导行为构成：工作行为和关系行为。工作行为和关系行为的组合，又产生了以下四种领导风格。

1. 告知型领导风格：指导性行为多，支持性行为少。领导者对被领导者给予明确的指导并近距离监督。

2. 推销型领导风格：指导性行为多，支持性行为多。领导者对被领导者进行监督、指导、倾听、鼓励和允许试错，并鼓励对方参与决策。

3. 参与型领导风格：支持性行为多，指导性行为少。领导者鼓励被领导者自主决策，鼓励他们按照自己的方式做事情。

4. 授权型领导风格：指导性行为少，支持性行为少。由被领导者自己决策并执行。

(3) 您如何看待超时和周末、休息日加班?

考察要点:就现在的职场环境而言,加班是难以避免的,大家的工作都是越来越卷。理想情况是既能接受加班,又不赞成加班。

(4) 您认为制定制度的作用是什么?怎样才能保证制度的有效性?

考察要点:观察对方是否言不由衷。"国有国法,家有家规",候选人对制度的理解可以看出候选人是否具备管理潜能。

(六)分析判断能力类问题

(1) 您认为自己适合什么样的工作?为什么?

考察要点:希望对方能切实结合自己的性格、能力、经历特点,有条理地分析自己所适合的工作。

(2) 您认为怎样才能跟上飞速发展的时代而不落后?(追问:你平时主要采取哪些学习方式。)

考察要点:这个问题没有标准答案,主要判断候选人的逻辑思维是否清晰。拥有长远目光的候选人更有发展潜能。

(3) 失去监督的权力必然产生腐败,对于这句话您怎么理解?

考察要点:该问题虽与工作无关,但可以看出对方观察问题的角度与推导的思路。

(4) 吸烟有害健康,但烟草业对国家的税收有很大的贡献,您如何看待政府采取的禁烟措施?

考察要点:该问题虽与工作无关,但可以看出对方观察问题的角度与推导的思路。

(七)应变能力类问题

(1) 在实际生活中,您做了一件好事,不但没人理解,反而遭到周围人的讽刺和挖苦,这时你会如何处理?

考察要点:作答的时间应作为主要参考因素,对方在 20 秒内没有回答,自然转入下一个问题。

(2)　在一次重要的会议上，领导做报告时将一个重要的数字念错了，如果不纠正会影响工作。这时你会怎么办？

考察要点：作答的时间应作为主要参考因素，对方在 20 秒内没有回答，自然转入下一个问题。

(八)自知力、自控力类问题

(1)　您认为自己的长处和短处是什么？怎样才能做到扬长避短？

考察要点：重点关注对方对自己短处的描述。

(2)　您听见有人在背后议论您或说风凉话，您怎么处理？

考察要点：关注对方思考问题的出发点。

(3)　领导和同事批评你时，你如何对待？

考察要点：观察对方是否言不由衷。

(4)　假如这次面试您未被录取，你今后会做哪些努力？

考察要点：观察对方听到问题时瞬间的反应。

(九)组织协调能力、人际关系与适应能力类问题

(1)　您喜欢和什么样的人交朋友？

考察要点：营造轻松的氛围，尽量让对方放松警惕，展开阐述，从中观察细节。"物以类聚，人以群分"喜欢和什么样的人交朋友同时也能反映出候选人是一个什么样的人，如果今后需要找这类候选人可以从现有的资源下手。

(2)　从一个熟悉的环境转入陌生的环境，您会怎样努力去适应？大概需要多久？

考察要点：不妨先举个实例引导对方，如：想象你到了一个陌生的城市拓展市场业务？这样可以让对方候选人更加投入到这个场景中。另外可以判断候选人是否能在高压环境下工作，是否能快速适应新的工作环境，是否能调节工作上的压力。

(3)　您更喜欢主动地开展工作还是由上级指挥工作？您喜欢独立工作还是与别人合作？

考察要点：两类人都有可取的地方，当对方选择其中一类时，可追问他对另一类人的看法。两者并无好坏之分，不同工作性质需要不同类型的员工，所以了解候选人才能为其推荐合适的岗位，让候选人最大化实现自身价值。

(十)精力、活力与兴趣爱好类问题

(1) 您喜欢什么运动？

考察要点：将对方的兴趣分为身体接触对抗型、不接触对抗型、非竞争型、静止型、独享趣味型等进一步分析。例如，喜欢身体接触对抗型运动的候选人精力较为充沛，在工作中执行力较强；不接触对抗型的候选人喜欢智取，思维逻辑性较强，在工作中领导能力较强等。

(2) 您业余时间怎么度过？您喜欢什么电视节目？喜欢读哪些书籍？

考察要点：将爱好与应聘的职位一起分析，寻找共同点，判断对方今后对职业感兴趣的可能性。当然在沟通的时候可以从对方的兴趣爱好出发，拉近与候选人的距离，这样候选人更愿意与猎头顾问进行深入的沟通，这也是猎头顾问了解候选人的方法之一。

(3) 您一般什么时候休息？什么时候起床？

考察要点：休息有规律者优先。休息规律的人精力较为旺盛，且自控能力较强，能够安排好自己的工作，并且有条理地完成任务。

(4) 您经常和朋友玩到很晚才休息吗？

考察要点：能熬夜是精力充沛的表现，但若是经常玩得很晚则是上进心不足。

(十一)专业知识水平及特长类问题

(1) 您认为自己最擅长的是什么？

考察要点：与现有的职位一起综合考察，寻求共同点。

(2) 谈谈您对本行业现如今发展情况的了解。您认为业界今后的发展如何？

考察要点：观察候选人是否时刻掌握专业最新资讯，是否有继续培养的潜力。当然这也是猎头顾问很好的学习机会。

(3) 您有什么级别的专业资格证书和能力证明？您认为它们能证明你能应付工作中的什么具体问题？

考察要点：证书是对候选人能力的认证，专业能力越强的候选人拥有的证书级别也就越高，随着证书等级的升高也意味着候选人对本行业的理解不断加深。

(4) 您最近阅读、写作或发表了什么专业文章或书籍？有何收获？

考察要点：一般侧重于阅读的收获。

四、为候选人提供专业建议

为了提高候选人的竞争力，我们可以根据候选人在与我们面试时的表现、候选人的性格特点和对企业方负责人的了解及面试风格等，提出一些专业的意见。例如，提醒候选人保持良好的仪容仪表；如果企业是保密职位的话一定要提醒候选人做好保密工作等。

阅读材料

某汽车公司 A 委托猎头公司 M 招募一个项目工程师，主要负责汽车内饰灯具的开发和研究。猎头公司 M 在最短时间内找到了一位符合要求的候选人 B，面试也非常地顺利，这位候选人很快通过了第一轮的面试。但是，没过多久汽车公司 A 的负责人打来了电话非常愤怒问："你这是找的一个什么人？"仔细询问之后才知道，这位候选人 B 在面试完之后了解到这个 A 公司是因为开发了新的项目所以需要招募新的工程师。然而，这个候选人 B 在面试之后立即和某公司 H 的管理人员联系，将 A 公司开发新项目的消息告诉了 H 公司，这边的负责人知道之后也非常地愤怒，因为这和自己企业的业务相冲，于是就打电话给公司 A 的负责人质问了一番。最后这件事便捅到了 A 公司负责人的耳朵里，公司的商业计划暴露，这位候选人 B 的面试也失败，同时候选人 B 被拉入了行业的黑名单。

五、候选人洽谈

候选人洽谈指的是候选人通过了客户企业的甄选后,猎头和候选人进行洽谈,详细了解候选人的各种需求,包括薪资福利、职业发展等。猎头在这个环节中起到的是中介作用,一方面,明确候选人的具体需求之后,要反馈给客户公司,帮助候选人积极争取,在最大限度上满足候选人的期望;另一方面,猎头要尽可能地帮助客户企业在降低成本的同时提高招聘的成功率。

阅读材料

应聘者的求职动机非常重要,但如何有效评估求职者的求职动机却不是一件容易的事。举个例子,作为面试主管,你正在面试一个应聘财务分析师的求职者,除了他的财务技能外,你想知道他是否真正热爱这份工作,真正在这个工作岗位上是动力充足,还是会觉得枯燥乏味。于是你问他:"财务分析师是你喜欢的工作吗?"我认为只要求职者有一丁点儿面试常识,他们都会说自己喜欢这种类型的工作,现在这个职位正是他一直苦苦寻觅的。而其他有相反兴趣倾向的回答则无异于"自杀式面试"。即使求职者清楚地察觉到这项工作不是他喜欢的,最好也不要在面试中坦白这一点,除非他不想要这份工作。现如今,很多求职者已经学会了如何在面试中取悦面试官。他们说的全是面试官想听的。而作为面试官,有时也难以分辨真伪。因此,针对求职动机和兴趣的提问,最好的问询方式是以开放式问题进行间接提问。这样可以避免求职者修饰答案甚至说假话。实际上,面试官是通过这种形式在面试关系中"迂回前进"。

间接提问的方法很简单,只要向求职者提出一系列问题追问即可。通过这一系列问题所获取信息的内在联系,面试官就可以对求职者的好恶有清楚的了解,从而对求职者与被提供的工作的匹配性进行准确的判断。例如:

● 关于好恶的问题

1. 在你所从事过的所有工作中,你最喜欢的是工作哪一个?为什么?

2. 哪项工作是你最不喜欢的?为什么?

● 关于优势和不足的问题

3. 结合你过去的表现，你认为在哪三个领域里是做得最好的？

4. 结合你过去的表现，说出两个你认为效率最低和需要改进的地方。

● 关于目标的问题

5. 谈一谈你在未来两到五年内的职业目标。

对于前两个关于喜好的问题，很容易理解和掌握。对于问题3和问题4，提问时需要一些技巧。首先，询问应聘者的优势，让其列举三个并给他时间自夸，让他变得自信。当询问求职者的不足时，要尽量语气平淡地去做，要让求职者觉得你似乎并不在意这些，你已经喜欢上了这位求职者，了解不足不过是你不得不走的一个流程。面试官甚至可以开玩笑说：我并不确定目前对于"不足"的定义是客观的，因为它的含义是不断变化的。我觉得用"时机不当"这个词更好一些。求职者听到这些同情都会开心地笑。

问完关于不足的问题，可以紧接着问求职者这个问题：如果可能，你将采取什么举措来改善你的不足？通常，在这个问题之后，求职者会有两种比较明显不同的反应。一类人会为自己的不作为找各种借口，而另一类人会提出具体的改善计划并表达出强烈的信心。面试官的选择显而易见。

问题5，可以定位在职业目标与业务有关的内容上。问这个问题的原则是不要将时期拖到五年以上，否则会失去效果，因为大多数人都在致力于短期内可实现的计划，或者得到目前即可得到的东西。五年以后的事情谁知道会怎样呢，因此大部分人不会关注太多。在这个问题中面试官可以加入有关心理控制倾向的问题。比如，如果可能，你将采取哪些步骤来实现这些目标？

每个人都有梦想，所以大多数求职者都能够向面试官描述自己美好的目标。然而，对于如何实现目标，就像"如何改善自己的不足"这个问题一样，同样会有两种截然不同类型的回答。一类人只会看到未来的困难和阻力，因此对实现目标显得无能为力；另一类人则表示预见到了挑战，他们能够利用主观能动性去面对挑战，对实现目标有着较为清晰的计划和思路。云泥之别，毋庸多言。

除此以外，我还会通过深度挖掘候选人的每一次离职原因来推理他或她的真正求职动机。举个例子，假如一个人告诉我他/她每次跳槽都是为了获得"个人发展"。那么我就会问，你所期待的个人发展具体是指什么？你加入新公司后与原来公司最大的不同是什么？职位提升了，工作职责扩大了，还是薪水增加了？你达成了自己的期望没有？具体体现在哪些方面？如果候选人真的获得升职或者工作职责扩大，那表明他/她真的是追求个人的发展。但是如果你发现，这个候选人跳槽很频繁，而且每一次跳槽带来的都只是收入的增加而已，那么他恐怕是对你编造了冠冕堂皇的求职动机。

(资料来源：卡罗·奎恩. 猎头眼光[M]. 北京：人民邮电出版社，2003. 略有改动)

第三节　候选人背景调查

背景调查是指通过合法正规的手段对候选人所提供的信息进行核对，辨别其真假，确保其信息的真实可靠性。主要涉及的内容有：学历、技能证书、候选人工作经历等相关内容。

一、背景调查的意义

候选人的背景调查是招聘过程中的一项重要步骤，其意义在于提供候选人真实、全面的信息，以确保雇主能够做出明智、基于事实的决策。

(一)验证信息的真实性

候选人为了争取好的工作机会，可能会在学历、工作经验等方面弄虚作假，也可能在面试的环节给猎头和客户企业看到其想展示的一面，或者是猎头和客户企业希望看到的一面。例如：刻意隐藏自己的真实性格，原本内向不善于沟通的候选人为了得到机会而表现得很健谈。背景调查有助于验证候选人提供的信息的真实性，了解候选人在之前的工作中的表现和工作态度，确保候选人能够适应客户公司文化和价值观，胜任特定工作的要求。

(二)降低雇用风险

虚假的信息会影响猎头对于人才的判断，给招聘的企业带来巨大的风险。通过了解候选人过去的表现和工作历史，这有助于雇主避免雇用可能对公司声誉产生负面影响的候选人，包括与不端行为、犯罪记录或其他不当行为有关的问题。特别是对于某些敏感职位，背景调查有助于确保雇主能够雇用到信任、可靠、没有潜在风险的候选人，从而确保组织的安全。

(三)预测候选人能力

了解候选人的真实情况可以帮助猎头全面掌握候选人的各个方面。背景调查往往可以看到候选人的"软实力"，通过了解候选人的工作经验、在工作中遇到的难题，参加的项目、获得的成绩等，可以更加深入地了解候选人的能力、工作风格、性格特点、优缺点等，甚至可以推测出候选人的发展空间。

二、主要调查内容以及方法

(一)学历和学位

学历查验可以通过登录学信网查看候选人的学历和学位信息。当前，学信网可以直接查询 2001 年以来国家承认的各类高等教育学历证书电子注册信息(含学历证明书)，以及 2008 年 9 月 1 日以来中国大陆各学位授予单位按照有关规定程序颁发的各级各类学位证书相关信息。在学信网上无法查询到的学历和学位信息，可以通过到毕业学校档案、专业机构鉴定等方式验证学历和学位信息的真伪。

(二)技能证书

候选人职业资格和职业技能等级认定证书可以直接在对应主管部门的网站上查询。例如专业技术人员职业资格证书可在人力资源和社会保障部网站上通过查询证书编号辨别其真假，教师职业资格可在中国教育考试网查询，法律职业资格可在司法部政务服务平台查询。

阅读材料

职业资格和职业技能等级证书查询网站如表5.1所示。

表5.1　职业资格和职业技能等级认定证书查询网站

职业资格和职业技能等级认定证书类型	查询网站
专业技术人员职业资格	全国专业技术人员职业资格证书查验系统
教师资格	中国教育考试网
法律职业资格、中国委托公证人资格	司法部政务服务平台
核安全设备无损检验人员资格、核设施操纵人员资格	国家核安全局人员资质查询栏目
房地产估价师	全国房地产估价行业管理信息平台
船员资格	交通运输部政务服务平台
执业兽医	全国执业兽医资格考试网上信息平台
演出经纪人员资格	全国文化市场技术监管与服务平台
导游资格	全国旅游监管服务平台
医生资格	医生执业注册信息查询平台
特种设备检验、检测人员资格	国家市场监督管理总局政务服务平台
广播电视播音员、主持人资格	国家广播电视总局政务服务平台
新闻记者职业资格	中国记者网
专利代理师	全国专利代理信息公示平台
不动产登记代理专业人员职业资格	全国土地登记代理执业机构和人员公示系统
水利工程质量检测员资格	中国水利工程协会资格证书验证系统
认证人员职业资格	全国认证认可信息公共服务平台
证券期货基金业从业人员资格	中国证券业协会从业人员基本信息公示平台、中国期货业协会从业人员信息公示平台、中国证券投资基金业协会基金从业人员资格注册信息公示平台
文物保护工程从业资格	国家文物局综合行政管理平台

注：本表根据网络信息收集整理。

(三)候选人工作经历

核查候选人过往的工作经历是猎头进行背景调查的重要内容，包括候选人过往工作岗位(任职时间)、主要工作内容、工作成绩、所遇困难以及如何处理、离职原因等。猎头公司会根据候选人的情况，要求提供与候选人有工作关系的2～3个背景咨询人。猎头会在这些人选里选择1～2名做第一轮背景调查，然后再让接受咨询的人选提供另外的人选，进行第二轮的背景调查。常见的调查对象如下。

1. 同候选人沟通

候选人对于自己的工作经历是最熟悉的，虽然存在很大的主观性，但是我们可以通过候选人描述自己过往经历时的状态、是否能明确地描述细则等方面来判断候选人对于自己工作的熟悉程度，了解其对工作的态度、是什么样的工作风格。在沟通的过程中应对候选人所表述的工作经历进行记录，方便后续调查，发现问题。

2. 同原公司领导沟通

上级对候选人的评价是一个有效判断候选人的参考，通过沟通可以核实候选人是否在工作中取得了他所表述的各项成绩。另外，根据候选人原上级对于候选人的评价可以判断候选人适合什么样的上级领导。

3. 同候选人同事或者下属沟通

候选人的同事对于候选人的各项工作是相对熟悉的，并且判断相对客观。大部分时间共处的同事能有效地反映候选人在工作中的状态以及各项工作的完成情况，了解其在项目中起到了一个什么样的作用、对于项目的付出程度以及人际交往方面的能力。

4. 同候选人的朋友沟通

在条件允许的情况下，猎头还可以利用猎头公司的人际关系，和比较了解候选人并且能保守秘密的朋友做背景调查。

(四)其他调查

除了以上主要的工作内容的调查，通常还需要一些辅助性的调查内容，比如候选人家庭情况、健康情况、经济状况、政治原因等。

三、背景调查的流程

(一)提前告知，合规合法

《劳动合同法》第八条规定，用人单位有权了解劳动者与劳动合同直接相关的基本情况，劳动者应当如实说明。该条款为企业向劳动者进行背景调查奠定了相关基础。《劳动合同法》第三条规定，订立劳动合同应当遵循合法、公平、平等自愿、协商一致、诚实信用的原则，劳动者在背景调查过程中应履行诚实守信的义务，如实告知相关基本情况。《民法典》第一百四十六条规定，行为人与相对人以虚假的意思表示实施的民事法律行为无效。因此，若员工提供虚假信息、资料对录用、履行劳动合同产生了实质影响，劳动合同应视为无效。

但是，背景调查的范围应限于"与劳动合同直接相关"，教育经历、工作经历、工资收入情况、工作表现、离职原因等都是法律允许的，但婚姻家庭情况、疾病情况(因岗位特殊而对此有特别要求的除外)等涉及个人隐私的内容是法律不允许的。在进行背景调查时，猎头公司应事先获得候选人的书面同意和授权，仅用于此次招聘，并保证相关信息会妥善保存并在规定时间内进行删除清理。

(二)结合实际，选取证人

在背景调查时，证人的选取相当重要。一方面，要确保证人的可靠程度，另一方面，要确保候选人证词的有效性。一般情况下可以选取候选人的上级、下级、同事(可选择与候选人工作业务对接较多的同事，也可选择人事部负责候选人工作对接、面试的员工)和朋友等作为证人。猎头应该根据实际情况综合选取不同类型的证人，避免对候选人的评价过于片面。

(三)主动沟通，辨别真伪

针对不同的证人，应该准备不同的问题。例如，对于候选人的上级，我们可以询问候选人离职的具体原因，以及过往的工作经历，在工作上有没有什么过错；对于候选人的下级，我们可以询问候选人在工作中的领导风格，对待下属的态度；对于候选人同事，我们可以询问他主要的工作成果，以及和同事相处如何；对于原公司负责候选人的人事部门员工，可以询问他当时面试的状态，优缺点等。

(四)记录分析，做出总结

证人的证词不可避免会带有一定的主观性,这就需要猎头对证人的证词进行真实性和合理性的判断,再结合对候选人的观察进行分析,最后得出比较全面、合理的背调资料。在分析整理的过程中如果发现资料存在可疑的地方,可以进行第二轮的调查。

本 章 小 结

1. 寻访完成后，猎头需对候选人进行初步了解，并让候选人对企业有一定印象，以此来判断候选人是否对这个机会感兴趣。对于感兴趣的候选人，猎头会进行进一步筛选，并对候选人的简历进行修改和补充，其后，将优化后的简历交给企业方查看。如果企业方认为合适，双方约定合适的面试时间。

2. 面试候选人，确定拟推荐人选。猎头提前面试候选人是为了在更加充分地了解候选人后可以更有针对性地为其推荐合适的岗位，也能更好地判断是否适合该企业，这有效地减少了双方的时间和精力成本，大大提高推荐人才的效率，也能保证推荐的质量。

3. 约见候选人，安排企业面试。约见候选人的谈话过程相对于面试更为轻松，主要是为了对候选人进行更加深入的了解，对候选人的感受更直观。即使给企业推荐的候选人是猎头之前已经见过的，仍建议猎头在同企业协商安排面试之前重新与候选人见面，了解其最新动向(主要是考察候选人意愿是否发生变化)，是否符合企业需求。

4. 候选人面试及洽谈。候选人面试的类型有：在形式上分为线上面试和线下面试；在内容上分为结构化面试和非结构化面试。面试的方法有：打分法、比较法、细化法、行为判断法。

5. 候选人背景调查。背景调查是指通过合法正规的手段对候选人所提供的信息进行核对，辨别其真假，确保其信息的真实可靠性。主要涉及的内容有：学历、技能证书、候选人工作经历等相关内容。

课后思考题

1. 简述推荐候选人的基本流程。
2. 简述电话面试的注意事项。
3. 简述背景调查的主要内容。
4. 简述背景调查的意义。

案例与讨论

一个难啃的"骨头"

L 猎头顾问及他的团队受一家投资公司之托，寻找一位电子商务公司 CEO。通过大量的寻访工作终于将目标锁定在一个海外归来的博士 Q 身上，他目前不仅担任一家集团公司的副总裁，同时兼任一家网络公司的总经理，对行业精通，非常符合客户的需求。

当 L 猎头顾问及他的团队与博士 Q 联络时，却碰了一鼻子灰，博士 Q 不愿考虑 L 猎头顾问的邀请，甚至没有听 L 猎头顾问介绍客户的情况。L 猎头顾问不得不寻访其他人选，但始终没有找到更合适的。L 猎头顾问及他的团队通过各种渠道(包括使用私家侦探的方式)对此人进行全面的调查和了解，调查结果发现，此人年薪比较高，老总对博士 Q 也不错，公司的发展前景也比较好，而且博士 Q 也不是特别看重金钱的人，没有跳槽的欲望。

经过分析后制定了更加可行的物质条件和个人发展空间，年薪在百万级，同时赠送一定的股权和股票期权，对个人未来也进行了明确的规划等。然后再次通过朋友与博士 Q 接触，仍然没有取得有效的联系，行动再次失败。

当项目进展陷入僵局的时候，L 猎头顾问及他的团队接到一个重要信息。该人选当初曾经受到一个被他称为"导师"的人的帮助和教诲，博士 Q 非常尊重那人。于是 L 猎头顾问及他的团队就通过制造特别的机会与那人认识，并成了很好的朋友，以自己真诚直率的处世态度获得良好的信任。之后才顺势与他共同分析候选人到底在现有公司发展好还是在我们客户那里更好，结果应该是显然的。

后来在那人的帮助下，L 猎头顾问及他的团队终于成功说服博士 Q 接受了职务。

(资料来源：改编自浩竹猎头中心猎头案例)

请根据上述案例回答以下问题。

1. 你认为猎头 L 能取得成功的关键点在哪里？

2. 此案例对你未来的猎头工作有没有什么启发？具体是什么？

 微课资源

扫一扫，获取相关微课视频。

5.1 候选人推荐　　5.2 候选人面试及洽谈　　5.3 候选人背景调查

第六章　候选人入职管理

【学习目标】

通过对本章内容的学习，学生需要做到：

1. 了解录用函和劳动合同的定义；

2. 了解劳动合同的类型；

3. 理解录用函及劳动合同的内容；

4. 掌握录用函的设计方法；

5. 掌握劳动合同签订的原则。

【引导案例】

从顾客出发，顾客至上

背景： 张先生，35 岁，已婚，有一个小孩。他一直在 IT 行业工作，从初级的程序员逐渐晋升为高级软件开发工程师。他对于自己的职业生涯有着明确的规划，希望未来能够成为技术部门的负责人或者自主创业。近期，他收到了一个来自某知名互联网公司的 offer。这家公司不仅在业界有着极高的地位，而且拥有广阔的发展前景。经过与猎头的初步沟通，张先生对这个职位非常感兴趣，但对其中的合同条款有所疑虑。他觉得合同中有些条款的表述相当模糊，而且其中一些细节与他的期望不符。

猎头介入： 考虑到张先生的疑虑，猎头主动提出帮助他审查合同。猎头在 IT 行业有着多年的经验和广泛的人脉，他不仅是一个职业中介，更是一个行业专家。他对合同进行了细致入微的分析，并从多个角度为张先生提供了专业的建议。

具体问题:

1. 竞业禁止的限制：合同中规定，在离职后的两年内，张先生不得在同行业公司工作。这对于想要在未来创业的张先生来说是一个巨大的限制。

2. 知识产权归属：合同中关于知识产权的条款表述模糊，没有明确规定哪些创新归属于公司，哪些可以归属于个人。这可能影响到张先生未来的职业发展。

3. 薪酬与福利的不确定性：虽然基本工资是一个诱人的数字，但其他福利如年终奖、股票期权等都没有给出明确的金额或比例。这给未来的收入带来了不确定性。

4. 工作时间与休假：合同中关于工作时间和休假的条款可能不符合张先生的期望，可能会导致工作与生活的失衡。考虑到家庭因素，张先生希望有更多的休假和更灵活的工作时间。

5. 其他条款的不确定性：合同中还有一些其他的条款可能涉及张先生的权益，例如培训计划、晋升机会、福利待遇等。这些条款的不确定性也可能对张先生的职业发展产生影响。

6. 保密协议的限制：合同中包含保密协议的条款，要求张先生在一定时间内不得泄露公司的商业机密或敏感信息。这对于张先生在未来的职业发展或创业中可能会产生一定的限制。

猎头的建议：

1. 重新考虑竞业禁止：建议张先生与雇主协商，考虑缩短竞业禁止的期限或放宽限制，以便在未来有更多的职业选择机会。同时，可以探讨其他形式的补偿机制，如培训或支付一定的补偿金。

2. 明确知识产权条款：建议张先生与雇主商议，明确知识产权的归属，保护自己的创新成果。可以寻求专业的法律咨询来确保自己的权益得到保障。

3. 薪酬与福利的协商：建议张先生与雇主商议，争取更明确的薪酬和福利条款，确保自己的收入稳定和丰厚。同时，可以探讨其他形式的福利，如提供额外的培训或晋升机会。

4. 关注工作时间与休假：建议张先生与雇主商议，争取更灵活的工作时间和休假安排，确保工作与生活的平衡。可以探讨弹性的工作时间或远程工作的可能性，以便更好地照顾家庭需求。

5. 审查其他条款：猎头还提醒张先生注意审查合同中的其他条款，确保自己的权益得到充分保障。例如，确保培训计划符合自己的职业发展需求、争取更好的晋升机会等。同时也要注意保密协议的限制，确保自己的权益得到充分保障。

6. 寻求法律咨询：由于合同中涉及许多专业法律问题，建议张先生在签署合同之前寻求专业的法律咨询，以确保自己的权益得到充分保障。

案例的后续发展：

在猎头的帮助下，张先生与雇主进行了深入的沟通。经过几轮协商，双方都做出了一些妥协和让步。最终，张先生成功地修改了合同中的相关条款，并接受了这份工作。这次经历让张先生深刻认识到合同审查的重要性，也让他更加信任和依赖猎头在职业发展中的专业指导。

思考：在招聘的过程中猎头应该如何帮助客户公司与候选人有效规避风险，促成双方签约？

第一节 录用函的设计

猎头在候选人入职管理中起着重要的角色，他们不仅负责寻找和推荐候选人，还需要确保候选人在新公司中能够有一个良好的入职体验，增加他们在公司的归属感和满意度，从而提高保留率。因此，猎头需要做好候选人与客户公司之间的桥梁。

一方面，在候选人接受聘用后，猎头仍要与候选人保持沟通，提供从现任单位离职的人事咨询与帮助；提供客户公司的详细信息，包括组织结构、文化、价值观以及入职前需要准备的工作；提供法律文件的解释和咨询服务，协助候选人完成必要的法律文件和合规性文件签订；如果候选人在入职前或入职初期遇到问题，猎头应该积极协助解决，确保候选人顺利入职；在候选人入职后，要定期收集他们的反馈意见，提供持续的支持和关怀。

另一方面，猎头要与客户公司沟通候选人的入职计划，确保候选人入职时间上的合理性；协调培训计划，确保候选人获得相应的培训，包括公司的业务流程培训、工作工具使用方法培训等；了解新团队的信息，定期反馈候选人意见，协助候选人与新团队建立联系，支持个人和团队融合；协助双方解决试用期期间可能遇到的困难与障碍，确保候选人入职成功。

一、录用函的定义

录用函属于函的一种，又称聘用信、聘用通知函，也就是大家常听到的"offer"，它是由公司发放给候选人的、在一定时间范围内具有法律效用的公司文件，起到传递信息的作用，是企业与员工建立劳动关系的必要步骤。

二、录用函的内容

不同的企业所使用的录用函格式上有所不同,具体的内容根据公司的实际情况和需要进行调整,但主要内容包括以下几个方面。

(一)明确的标题

在文件开头,使用明确的标题,例如:"录用通知""录用函"或"录用意向协议书"等。本质上内容一样,但不同企业的模板不同,称谓存在些许差异。

(二)礼貌的问候

问候语是录用函不可或缺的一部分,表示对候选人的欢迎和期待。

(三)收函人基本信息

收函人基本信息包括姓名、性别、年龄等,部分企业会加上身份证号码等信息,主要用于企业与收函人核对身份信息,以便于出现同名同姓现象时不影响员工的入职。

(四)企业和岗位基本信息

企业和岗位基本信息指的是公司的名称、地址、联系方式、入职部门、入职职位、工作时间、薪资(税前/税后;试用期/正式录用)、薪资架构、其他福利待遇等,确保候选人准确了解以上信息。一位优秀的候选人可能会同时收到多个录用函,这些基本信息可以帮助候选人对公司以及岗位进行判断与选择。

(五)报到相关事项

详细列出报到的相关事项可以有效节约双方的时间,一般包括以下两个方面。

1. 报到时间地点

此信息务必准确,不能模棱两可,例如:某年某月某日上午 8:30 左右,这是不可取的。另外，采用 12 小时计时法还是 24 小时计时法要明确，如果采用 12 小时计时法一定要写明是上午还是下午。

2. 需要携带的资料

根据企业需求列出候选人需要完成的入职手续和准备工作，包括法律文件的签署、所需文件的提供等。常见的资料包括：聘用通知书(本人签字)、身份证原件及复印件、离职证明、入职体检证明等。完备的资料可以起到一个核对信息的作用，加快双方签订合同的流程。

(六)其他内容

其他内容包括聘用函有效日期、聘用函发函日期、企业相关人员联系方式、公司公章等。在录用函的结束部分，可再次表达对候选人的期待，并表示期待与其合作。如有需要，可以在录用函中包含其他附加信息，例如入职培训计划、公司文化介绍、保密要求等。

录用函的语言需清晰、简洁，避免使用复杂的法律术语，以确保候选人能够充分理解其内容。录用函的发送要通过正式的邮件附件或其他安全的通信渠道来完成。

阅读材料

录用函的排版模式较多，企业有其固定的模板，下面介绍几种常见的录用函。

录用意向协议书

甲方：

乙方：   身份证号码：

甲乙双方就乙方入职甲公司工作，通过平等自愿，协商一致，达成如下协议：

第一条 工作岗位

甲方已向乙方介绍本公司情况，以及乙方工作岗位情况，并通过对乙方的了解、面试。同意录用乙方任职_____岗位：乙方已向甲方介绍自身情况，并通过对甲方的了解，愿意到甲方就职并在约定日期_____到甲方报到。

第二条　合同期限以及薪酬福利

1. 合同期限

乙方入职试用期合格，甲方聘用乙方初次合同期限为_____年(其中试用期为__个月)，试用期从乙方正式入职之日起计算。

2. 薪资

① 乙方试用期基本工资为人民币_____元/月，转正后工资为人民币_____元/月。

② 根据公司业绩以及个人绩效另行发放奖金。

以上收入均为税前人民币收入，每月__日前将工资发至员工国内银行账号上。

3. 福利

① 年假：乙方每工作满12个月，享有5天带薪年假(自然日)。年假有效期为12个月。

② 餐补：公司提供免费午餐。

③ 保险：转正后，公司将根据国家劳动部门规定为员工缴纳社会保险。

④ 其他福利参照公司相关规定。

4. 工作时间

每周工作5天，每天8小时。国家法定节假日休息。

第三条　协议的生效

本协议经甲乙双方签字后即生效。

本协议一式两份，具有同等法律效力，甲、乙双方各执一份。其他未尽事宜。由双方协商解决。

甲方：　　　　　　　　　　　乙方：

代表签名：　　　　　　　　　代表签名：

日期：　　　　　　　　　　　日期：

录用通知书

×××先生/女士：

您好!

很高兴通知您，由于您出众的专业能力和优秀的综合素质，您已被我司录用为_____，在此对您加入我单位表示欢迎!

请您于____年__月__日上午_____前来公司报到。具体报到地点为：_____

联系电话：_____　　　　　联系人：×××

您在我司的薪资福利待遇，按照我司相关制度及岗位薪酬等级标准执行。

1. 试用期为：基本工资____元+绩效考核____元(试用期为__个月)。

2. 转正后薪资根据实际工作情况面议。

公司需要您在来公司报到时提供以下资料：

1. 身份证原件及复印件。

2. 学历、学位证书原件及复印件。

3. 个人近期 1 寸免冠照片 2 张。

××××××(公司盖章)

年　　月　　日

三、录用函与劳动合同的区别

录用函和劳动合同是两种不同的文件，录用函通常是在劳动者被用人单位录用后，由用人单位向劳动者发出的一种邀约式的文件，用于确认双方的录用意向和基本的劳动条件。而劳动合同则是在劳动者与用人单位建立劳动关系后，双方依法订立的书面协议，用于明确双方的权利和义务。在内容上，劳动合同的内容则更为详细和全面，除了包含录用函中的基本信息外，还包括劳动合同期限、工作内容和工作地点、工作时间和休息休假、社会保险、劳动保护、劳动条件和职业危害防护等必备的条款。

录用函并不具有劳动合同的法律效力，在双方确认劳动关系之后，用人单位自用工之日起超过一个月不满一年未与劳动者订立书面劳动合同，应当向劳动者每月支付两倍的工资(劳动合同的具体内容将在第七章第二节做详细的介绍)。

第二节　劳动合同签订

一、劳动合同的定义

劳动合同，又称劳动契约、劳动协议。劳动合同是调节劳动关系的基本法律形式，也是确立劳动者与用人单位劳动关系的基本前提。我国《劳动法》第16条第1款规定："劳动合同是劳动者与用人单位确立劳动关系、明确双方权利和义务的协议。建立劳动关系应当订立劳动合同。"同时《中华人民共和国劳动合同法》第三条订立劳动合同，应当遵循合法、公平、平等自愿、协商一致、诚实信用的原则。依法订立的劳动合同具有约束力，用人单位与劳动者应当履行劳动合同中约定的义务。

二、劳动合同的类型

以合同期限为标准，劳动合同可分为三种类型：固定期限劳动合同、无固定期限劳动合同和以完成一定工作任务为期限的劳动合同。劳动合同期限，是指劳动合同的有效时间，是双方当事人所订立的劳动合同起始和终止的时间，也是劳动关系具有法律约束力的时间。

(一)固定期限合同

我国《劳动合同法》第十三条规定，固定期限劳动合同是指用人单位与劳动者约定合同终止时间的劳动合同。固定期限劳动合同是企业中使用频率最高的一种，劳动合同规定期限届满时，双方劳动关系终止。经双方协商达成一致条件，可以选择继续维持劳动关系或终止。该类劳动合同的最大特点是劳动合同的起始和终止日期都是固定的，固定期限由当事人双方根据工作需求和实际情况确定。

(二)无固定期限劳动合同

顾名思义,无固定期限劳动合同是指用人单位与劳动者没有约定明确的劳动合同终止时间,但有明确的劳动合同开始时间。很多人将无固定期限劳动合同看作"铁饭碗",实际上这是一种误解,也因为这种误解,很多用人单位排斥无固定期限劳动合同,也有劳动者不愿意签署这种合同。事实上,当出现了《劳动合同法》规定的解除或终止双方劳动关系的情景时,用人单位和劳动者均可以依法解除,从而保障双方利益。无固定期限劳动合同也有它的优点,对于劳动者而言,有利于自身职业的稳定发展,在行业内钻研技术,提高综合实力;对于用人单位而言,能提高劳动者对企业的忠诚度,节约成本,减少用于培养新人才所花费的成本。

(三)以完成一定工作任务为期限的劳动合同

以完成一定工作任务为期限的劳动合同,用人单位与劳动者约定以某项工作的完成为合同期限的劳动合同。用人单位可以根据自身企业的营业状况与劳动者协商,签订一定期限的劳动合同。规定期限内任务完成,双方劳动关系终止。

阅读材料

无固定期限劳动合同案例

2009年6月,杨某入职航某公司,双方于2009年6月13日签订了书面的劳动合同,该合同约定:杨某在航某公司从事飞行工作,劳动合同为无固定期限的劳动合同,合同期限从2009年6月13日起至法定或约定的终止合同条件出现止。此后,杨某在航某公司从事飞行员工作,航某公司按月发放杨某工资,并为杨某缴纳了社会保险费。2017年3月29日,杨某向航某公司邮寄送达了解除劳动合同的书面通知书,航某公司收到该通知书后,不同意解除双方的劳动合同,双方没有办理解除劳动关系的相关手续,杨某于2017年5月4日正式离开了航某公司。双方因无固定期限劳动合同是否解除引发争议。

劳动争议仲裁委员会、一审法院、二审法院均认定,杨某以提前30天通知航某公司的方式解除无固定期限劳动合同合法有据,双方的劳动关系已解除,航某公司主张双方继续履行劳动合同的诉求没有事实和法律依据。

[案例点评]

本案中，航某公司与杨某虽然签订的是无固定期限劳动合同，但是无固定期限劳动合同依法属于劳动合同，该类劳动合同解除的权利并不能以此受到限制。杨某提前30天以书面形式通知航某公司解除劳动合同的行为，符合劳动者单方行使劳动合同解除权的法定情形，则杨某与航某公司签订的无固定期限劳动合同可以依法解除，航某公司主张双方继续履行劳动合同的诉求没有事实和法律依据。劳动争议仲裁委员会、一审法院、二审法院并无不当。

(资料来源：李葆华，史娜，杨振锋. 现代猎头法律实务[M]. 广州：中山大学出版社，2018.)

三、劳动合同的内容

(一)法定必备条款

法定必备条款包括：用人单位的名称、住所和法定代表人或者主要负责人；劳动者的姓名、住址和居民身份证或者其他有效身份证件号码；劳动合同期限；工作内容和工作地点；工作时间和休息休假；劳动报酬；社会保险；劳动保护、劳动条件和职业危害防护；法律、法规规定应当纳入劳动合同的其他事项。如果在劳动合同中缺乏必备条款，不影响劳动合同的效力，双方仍需要履行劳动合同，但缺失的内容需要补充。如果企业单位不及时补充相应条款导致对劳动者造成损失的，劳动者有权要求依法进行索赔。

下面对必备条款进行四点说明。

1. 合同双方基本信息

用人单位的名称、住所和法定代表人或者主要负责人；劳动者的姓名、住址和居民身份证或者其他有效身份证件号码是为了确定劳动合同的当事人，确保双方的主体资格。在现实生活中，常常因签订劳动合同的用人单位名称与实际用工单位名称不一致而产生纠纷，因此在签订劳动合同时一定要格外注意。

2. 劳动合同期限与劳动报酬

取得劳动报酬是劳动者提供劳动的最终目的,在劳动合同中应该明确规定劳动报酬的具体数额、支付方式、支付日期、税前工资还是税后,薪资架构等。许多企业的人力资源主管在面试时或者签订劳动合同之前会要求候选人提供账务清单,确保对方上一任工作的真实工资水平,以免出现谎报的情况。另外根据工资的支付规定,禁止以实物及有价证券代替货币支付。劳动合同期限在上面已经介绍,就不再赘述了。

3. 工作内容和工作地点以及工作时间和休息假期

工作内容是指工作岗位、工作职责、工作任务等,是劳动合同的核心内容。工作内容应该明确可行、合法合规。

为了保障劳动者的身心健康,国家对劳动者的工作时长做出了明确的规定。《中华人民共和国劳动法》第三十六条规定:国家实行劳动者每日工作时间不超过 8 小时、平均每周工作时间不超过 44 小时的工时制度。《劳动法》第四十一条规定:用人单位由于生产经营需要,经与工会和劳动者协商后可以延长工作时间,一般每日不得超过一小时;因特殊原因需要延长工作时间的,在保障劳动者身体健康的条件下延长工作时间每日不得超过三小时,但是每月不得超过三十六小时。

休息假期的相关规定,在符合《劳动法》及其他相关规定的前提下,具体的时间可以根据企业的性质、工作的种类等灵活规定。

4. 社会保险

劳动保护、劳动条件和职业危害防护;以及根据法律法规应当纳入劳动合同的其他事项。

这些是国家为了保障劳动者的权益所颁布的相关规定。社会保障包括医疗保险、养老保险、失业保险、工伤保险和生育保险。我国规定,凡境内用人单位和劳动者都有缴纳社会保险费的义务。劳动保护、劳动条件和职业危害防护,主要是为了防止劳动者在劳动过程中出现安全事故,造成一定损失,同时起到了保护劳动者的作用。

1. 《劳动合同法》第十七条劳动合同应当具备以下条款。

(一)用人单位的名称、住所和法定代表人或者主要负责人。

(二)劳动者的姓名、住址和居民身份证或者其他有效身份证件号码。

(三)劳动合同期限。

(四)工作内容和工作地点。

(五)工作时间和休息休假。

(六)劳动报酬。

(七)社会保险。

(八)劳动保护、劳动条件和职业危害防护。

(九)法律、法规规定应当纳入劳动合同的其他事项。

劳动合同除前款规定的必备条款外,用人单位与劳动者可以约定试用期、培训、保守秘密、补充保险和福利待遇等其他事项。

2. 《劳动合同法》第十八条

劳动合同对劳动报酬和劳动条件等标准约定不明确,引发争议的,用人单位与劳动者可以重新协商;协商不成的,适用集体合同规定;没有集体合同或集体合同未规定劳动报酬的,实行同工同酬;没有集体合同或集体合同未规定劳动条件等标准的,适用国家有关规定。

3. 《劳动合同法》第八十一条

用人单位提供的劳动合同本文未载明本法规定的劳动合同必备条款或者用人单位未将劳动合同文本交付劳动者的,由劳动行政部门责令改正;给劳动者造成伤害的,应当承担赔偿责任。

(二)选择约定条款

选择约定条款包括试用期、培训、保守秘密、补充保险、福利待遇。下面对选择约定条款进行以下几点说明。

1. 试用期

试用期包含在劳动合同期限内，劳动者在试用期期间应当享有全部的劳动权利。关于试用期应该明确规定且只能规定一次，所规定的试用期长短、试用期工资应该符合国家相关规定。

阅读材料

1. 《劳动合同法》第十九条规定劳动合同期限三个月以上不满一年的，试用期不得超过一个月；劳动合同期限一年以上不满三年的，试用期不得超过两个月；三年以上固定期限和无固定期限的劳动合同，试用期不得超过六个月。

同一用人单位与同一劳动者只能约定一次试用期。

以完成一定工作任务为期限的劳动合同或者劳动合同期限不满三个月的，不得约定试用期。

试用期包含在劳动合同期限内。劳动合同仅约定试用期的，试用期不成立，该期限为劳动合同期限。

2. 《劳动合同法》第二十条规定劳动者在试用期的工资不得低于本单位相同岗位最低档工资或者劳动合同约定工资的 80%，并不得低于用人单位所在地的最低工资标准。

3. 《劳动合同法》第二十一条规定劳动者在试用期中，除劳动者有本法第三十九条和第四十条第(一)项、第(二)项规定的情形外，用人单位不得解除劳动合同。用人单位在试用期解除劳动合同的，应当向劳动者说明理由。

4. 《劳动合同法》第八十三条规定用人单位违反本法规定与劳动者约定试用期的，由劳动行政部门责令改正；违法约定的试用期已经履行的，由用人单位以劳动者试用期满月工资为标准，按已经履行的超过法定试用期的期间向劳动者支付赔偿金。

2. 培训

培训是指企业为了更好地培养人才，使劳动者能更好地胜任工作且为企业提供更多的价值而为劳动者提供专门的培训。为了维护用人单位的合法利益，用人单位可以规定服务期。

服务期的规定也有相应的条件：根据国家的规定，用人单位必须按照本单位工资总额的一定比例提取培训费用，用于对劳动者的职业培训。同时，这里的培训指的是专业知识和职业技能培训，岗前培训是必须的，不可由此约定服务期。另外培训的形式具有多样性，脱产、半脱产、不脱产都是可以的，可以由用人单位和劳动者协商约定。

3. 保守秘密

在工作中难免接触到用人单位的信息、技术等，而这些信息涉及行业机密，大多不对外公布，因此双方在签订合同时需要对保守秘密的内容进行相关规定，可以约定保密义务和竞业限制。

保守义务相关条款，包括保密事项、保密范围、保密期限、保密措施、保密待遇等内容，双方可以根据实际情况在不违反法律规定的情况下协商约定。

根据我国相关规定，竞业限制的人员限于用人单位的高级管理人员、高级技术人员和其他负有保密义务的人员。(《劳动合同法》第二十四条)。同时竞业限制的期限不得超过两年，且需要对劳动者进行一定的经济补偿。

四、签订劳动合同的注意事项

在这个过程中，猎头的作用是信息桥梁，确保候选人充分了解和同意劳动合同条款，同时也能够与公司相关部门进行有效的沟通。

(一)提供法律支持

在候选人签署合同之前，猎头应仔细阅读合同中的所有条款，以确保合同的合法性和有效性。特别是如果合同中存在保密和保护条款，猎头要确保条款的合法性。

(二)检查合同信息

猎头应检查合同中关于工作职责、工作地点、工作时间等方面的条款，确保与候选人之前所了解的一致；核对候选人信息，包括姓名、地址、联系方式等；确认合同

猎头管理理论与实务(微课版)

中关于薪酬结构、福利待遇等方面的内容,以确保候选人对自己的薪酬和福利有明确的了解。

(三)回答候选人疑问

如果候选人有任何疑问或需要进一步解释时,猎头应该提供明确的答案,或协助候选人与公司相关部门沟通,以确保候选人充分了解自己的权利和责任。在合同签署前,确认候选人已经仔细阅读并了解合同约定的所有内容,确保合同是双方自愿并在理性的情况下签署的。

(四)准备相关文件

准备好与合同相关的其他文件,如公司政策手册、培训材料等,以便在需要时提供给候选人。

(五)妥善保存合同

妥善保存合同,及时将已签署的劳动合同原件交于候选人,并提醒其妥善保管。猎头公司将劳动合同复印件及其他相关文件妥善存档,以便今后能够及时提供相关复印件给候选人作为备份。

阅读材料

劳动合同模板(每个公司有各自不同的模板,以下仅供参考)。

广州市职工劳动合同
(劳保局制)

用人单位(甲方): ＿＿＿＿＿＿＿＿＿＿＿

地　　　址: ＿＿＿＿＿＿＿＿＿＿＿

职工(乙方): ＿＿＿＿＿＿＿＿＿＿＿

身份证号码: ＿＿＿＿＿＿＿＿＿＿＿

使用说明

一、用人单位在与职工签订劳动合同时,双方应认真阅读劳动合同。劳动合同一

166

经签订即具有法律效力，双方必须严格履行。

二、劳动合同必须由用人单位(甲方)的法定代表人(或者委托代理人)和职工(乙方)亲自签章，并加盖用人单位公章(或者劳动合同专用章)方为有效。

三、合同参考文书中的空栏，由双方协商确定后填写清楚；不需填写的空栏，请打上"/"。

四、乙方的工作岗位及其类别(管理类/工人类)应参照国家规定的职业分类和技能标准明确约定。变更岗位的范围及条件可在合同参考文本第十二条中约定。

五、工时制度分为标准、不定时、综合计算工时三种。如经劳动行政部门批准实行不定时、综合计算工时工作制的，应在本参考文本第十二条中约定其具体内容。

六、约定职工正常工作时间的工资要具体明确，并不得低于本市当年最低工资标准；实行计件工资的，可以在本参考文本第十二条中列明，或另签订补充协议。

七、本单位工会或职工推举的代表与用人单位可依法就工资、工作时间、休息休假、劳动安全卫生、保险福利等事项集体协商，签订集体合同。职工个人与用人单位订立劳动合同的各项劳动标准，不得低于集体合同的约定。

八、对劳动合同参考文本条款的修改或未尽事宜，可在参考文本第十二条中列明，或另行签订补充协议；另行签订的补充协议，作为劳动合同的附件，与劳动合同一并履行。

九、签订劳动合同时请使用钢笔填写，字迹必须清楚，且不得单方涂改。

_____(甲方)与_____(乙方)双方根据国家和省市的有关劳动法律、法规和规章，经平等自愿，协商一致，订立本合同。

一、合同期限

(一)甲乙双方同意按以下第_____种方式确定本合同期限：

1. 有固定期限：从____年__月__日起至___年__月__日止。

2. 无固定期限：从____年__月__日起至法定的或本合同所约定的终止条件出现时止。

3. 以完成一定的工作为期限：从____年__月__日至_____工作任务完成时止，并以完成_____工作任务为标志。

(二)双方同意本合同有效期内的前___个月为试用期(即从____年__月__日起至____年__月__日止)。

二、工作内容

乙方的工作岗位(地点、部门、工种或职务):

_____

_____

_____

乙方岗位类别确定(打"√")为: (_____)管理类/(_____)工人类。

三、劳动报酬

(一)甲乙双方根据本单位依法制定的工资分配制度,约定乙方正常工作时间工资为_____元/月;乙方试用期工资为_____元/月。

(二)甲方每月_____日前向乙方支付货币工资。

四、社会保险

甲乙双方按照国家和省、市有关规定,参加社会保险,缴纳社会保险费,乙方依法享受相应的社会保险福利待遇。

五、劳动保护和劳动条件

(一)甲方根据乙方的工作岗位需要,确定其执行_____工时制度。

(二)甲方执行国家和省、市有关工作、休息、休假和劳动保护规定,为乙方提供符合国家规定的劳动安全卫生设施和劳动条件。

六、劳动纪律

甲乙双方应当严格遵守国家的各项法律、法规。甲方依法制定的各项规章制度和劳动纪律要告知乙方,乙方要予以遵守并服从甲方的管理。

七、劳动合同的变更、解除、终止

(一)符合《劳动法》所列的法定条件或者经甲乙双方协商一致,可以变更本合同的相关内容或者解除本劳动合同。

(二)变更劳动合同,双方应当签订《变更劳动合同协议书》。

(三)乙方合同期未满而依照《劳动法》第三十一条的规定解除本合同,给甲方造成经济损失的，应当赔偿甲方以下经济损失：

_____

_____

_____

(四)符合下列条件之一的，本合同即告终止(有固定期限的合同除外)：

1. 本合同所约定的工作任务已经完成。

2. _____

3. _____

八、经济补偿金、医疗补助费和生活补助费的发放

解除或者终止本合同，经济补偿金、生活补助费、医疗补助费的发放按国家、省、市有关规定执行。

九、违反本合同的责任

(一)甲方有下列情况之一的，应当承担违约责任：

1. 违反法律、法规规定，单方面解除本合同的。

2. _____

3. _____

(二)乙方有下列情况之一的，应当承担违约责任：

1. 未按规定，单方面解除本合同或者不履行本合同约定内容的。

2. _____

3. _____

(三)双方同意以下列方式承担违约责任：

1. 违约金。一方违约，应当支付违约金_____元。

2. 赔偿金。违约金不足以赔偿对方损失的，还需支付赔偿金。赔偿金按违约方实际造成的损失计算。赔偿的范围包括：

_____

_____

_____

十、因履行本合同发生争议的解决办法

双方因履行本合同发生争议，应当先协商解决；协商不成的，可自争议发生之日起三十日内向甲方劳动争议调解委员会申请调解，或者自争议发生之日起六十日内向劳动争议仲裁委员会申请仲裁。

十一、本合同的条款与国家、省、市新颁布的法律、法规、规章不符的，按新的法律、法规、规章执行。

十二、双方需要约定的其他事项。

_____

_____

_____

本合同(含附件)一式两份，甲乙双方各持一份(鉴证时需一式三份，其中鉴证机构留存一份) 均具有同等法律效力。

甲方：(盖章)　　　　　　　　　　　　乙方：(签名)

法定代表人(委托代理人)：_____

_____年___月___日　　　　　　　　_____年___月___日

鉴证机构：(盖章)

鉴证人：_____

鉴证日期：_____年___月___日

五、合理利用法律武器保护自身利益

(一)用人单位与劳动者在什么情况下必须签订无固定期限劳动合同？

有下列情形之一的，劳动者提出申请或者同意续订、订立劳动合同的，除劳动者提出订立固定期限劳动合同外，用人单位应当与其订立无固定期限劳动合同：一是在同一用人单位连续工作满十年以上的；二是用人单位初次实行劳动合同制度或者国有企业改制重新订立劳动合同时，劳动者在该用人单位连续工作满十年且距法定退休年龄不足十年的；三是连续订立二次固定期限劳动合同，且劳动者没有《劳动合同法》第三十九条和第四十条第一项、第二项规定的情形，续订劳动合同的。另外，用人单位自用工之日起满一年不与劳动者订立书面劳动合同的，视为用人单位与劳动者已订立无固定期限劳动合同，同时要补签书面的劳动合同书。

(二)劳动合同期满，用人单位在什么情况下不得与劳动者终止劳动合同？

如果劳动合同期满，有下列情形之一的，劳动合同应当延续至相应的情形消失时终止：一是从事接触职业病危害作业的劳动者未进行离岗前职业病健康检查，或者疑似职业病病人在诊断或者医学观察期间的；二是患病或者非因工负伤，在规定的医疗期内的；三是女职工在孕期、产期、哺乳期的；四是在本单位连续工作满十五年，且距法定退休年龄不足五年的；五是法律、行政法规规定的其他情形。

(三)劳动者在什么情况下，用人单位可以解除劳动合同？

一是劳动者主动申请解除；二是在试用期间被证明不符合录用条件的；三是严重失职，营私舞弊，给用人单位造成重大损害的；四是劳动者同时与其他用人单位建立劳动关系，对完成本单位的工作任务造成严重影响，或者经用人单位提出，拒不改正的；五是劳动者以欺诈、胁迫的手段或者乘人之危，使用人单位在违背真实意思的情况下订立或者变更劳动合同的；六是被依法追究刑事责任的。

阅读材料

以下是劳动合同中较为重要的法律条例：

《劳动合同法》第三十六条

用人单位与劳动者协商一致，可以解除劳动合同。

《劳动合同法》第三十七条

劳动者提前三十日以书面形式通知用人单位，可以解除劳动合同。劳动者在试用期内提前三日通知用人单位，可以解除劳动合同。

《劳动合同法》第三十八条

用人单位有下列情形之一的，劳动者可以解除劳动合同：

(一)未按照劳动合同约定提供劳动保护或者劳动条件的。

(二)未及时足额支付劳动报酬的。

(三)未依法为劳动者缴纳社会保险费的。

(四)用人单位的规章制度违反法律、法规的规定，损害劳动者权益的。

(五)因本法第二十六条第一款规定的情形致使劳动合同无效的。

(六)法律、行政法规规定劳动者可以解除劳动合同的其他情形。

用人单位以暴力、威胁或者非法限制人身自由的手段强迫劳动者劳动的，或者用人单位违章指挥、强令冒险作业危及劳动者人身安全的，劳动者可以立即解除劳动合同，不需事先告知用人单位。

《劳动合同法》第三十九条

劳动者有下列情形之一的，用人单位可以解除劳动合同：

(一)在试用期间被证明不符合录用条件的。

(二)严重违反用人单位的规章制度的。

(三)严重失职，营私舞弊，给用人单位造成重大损害的。

(四)劳动者同时与其他用人单位建立劳动关系，对完成本单位的工作任务造成严重影响，或者经用人单位提出，拒不改正的。

(五)因本法第二十六条第一款第一项规定的情形致使劳动合同无效的。

(六)被依法追究刑事责任的。

《劳动合同法》第四十条

有下列情形之一的，用人单位提前三十日以书面形式通知劳动者本人或者额外支付劳动者一个月工资后，可以解除劳动合同：

(一)劳动者患病或者非因工负伤，在规定的医疗期满后不能从事原工作，也不能从事由用人单位另行安排的工作的。

(二)劳动者不能胜任工作，经过培训或者调整工作岗位，仍不能胜任工作的。

(三)劳动合同订立时所依据的客观情况发生重大变化，致使劳动合同无法履行，经用人单位与劳动者协商，未能就变更劳动合同内容达成协议的。

《劳动合同法》第四十一条

有下列情形之一，需要裁减人员二十人以上或者裁减不足二十人但占企业职工总数百分之十以上的，用人单位提前三十日向工会或者全体职工说明情况，听取工会或者职工的意见后，裁减人员方案经向劳动行政部门报告，可以裁减人员。

《劳动合同法》第四十二条

劳动者有下列情形之一的，用人单位不得依照本法第四十条、第四十一条的规定解除劳动合同。

《劳动合同法》第四十三条

用人单位单方解除劳动合同，应当事先将理由通知工会。用人单位违反法律、行政法规规定或者劳动合同约定的，工会有权要求用人单位纠正。用人单位应当研究工会的意见，并将处理结果书面通知工会。

《劳动合同法》第四十四条

有下列情形之一的，劳动合同终止：

(一)劳动合同期满的。

(二)劳动者开始依法享受基本养老保险待遇的。

(三)劳动者死亡，或者被人民法院宣告死亡或者宣告失踪的。

(四)用人单位被依法宣告破产的。

(五)用人单位被吊销营业执照、责令关闭、撤销或者用人单位决定提前解散的。

(六)法律、行政法规规定的其他情形。

本 章 小 结

1. 录用函的设计。录用函属于函的一种，又称聘用信、聘用通知函，也就是大家常听到的"offer"，它是由公司发放给候选人的在一定时间范围内具有法律效用的公司文件，起到传递信息的作用，是企业与员工建立劳动关系的必要步骤。

2. 录用函的主要内容包括：明确的标题、礼貌的问候、收函人基本信息、企业和岗位基本信息、报到相关事项等。

3. 录用函和劳动合同是两种不同的文件，录用函通常是在劳动者被用人单位录用后，由用人单位向劳动者发出的一种邀约式的文件，用于确认双方的录用意向和基本的劳动条件。

4. 劳动合同，又称劳动契约、劳动协议。劳动合同是调节劳动关系的基本法律形式，也是确立劳动者与用人单位劳动关系的基本前提。

5. 以合同期限为标准，劳动合同可分为三类：固定期限劳动合同、无固定期限劳动合同和以完成一定工作任务为期限的劳动合同。

6. 劳动合同的内容包括法定必备条款(用人单位的名称、住所和法定代表人或者主要负责人；劳动者的姓名、住址和居民身份证或者其他有效身份证件号码；劳动合同期限；工作内容和工作地点；工作时间和休息休假；劳动报酬；社会保险；劳动保护、劳动条件和职业危害防护等)和选择约定条款(试用期、培训、保守秘密、补充保险、福利待遇等)。

课后思考题

1. 录用函的内容有哪些？
2. 劳动合同的类型有哪些？
3. 劳动合同订立的原则是什么？
4. 劳动合同的必备内容和选择约定内容有哪些？

案例与讨论

一个"失败"的入职案例

我们曾经为一个民营老板推荐了一个高级职业经理。由于当时有多家公司希望此人的加入，所以此人的薪资被提高到了原来的 2 倍以上。当我们的候选人上任后，民营老板的亲信对候选人的薪资不满，不断在老板面前蛊惑。此民营老板最大的缺点就是耳朵根子软，加上对候选人薪资被推高感到心理不平衡。于是，民营老板通过其他渠道从国外找到一个学历很高、资历优越而薪资要求不高的候选人。同时，民营老板授意自己的亲信排挤我们的候选人，并多次违反事先签订的合同插手公司的管理，导致公司正常的管理秩序无法维持，我们的候选人工作不到 3 个月就被迫辞职。

我们收到通知后对此事进行调查取证，将公司暗中招人和无理排挤的事实证据摆在桌面上，与民营老板进行交涉。由于我们在签订合同时曾经约定，用人单位不得对候选人进行无理排挤，否则因此造成候选人无法正常工作而离职的，必须赔偿不低于三个月的工资。面对事实和合同约定，该老板不得不答应赔偿三个月的工资。

此事我们还进行了跟踪，那个民营老板从海外请来的人才虽然薪资要求不高，但将老板的钱烧了不少，却没有将事情做好，最后公司以倒闭收场。

而我们推荐的候选人由于才华出众，在新的单位中薪资并没有降低，工作也很出色，证明了我们猎头公司推荐人才的合理性。

(资料来源：改编自浩竹猎头中心猎头案例)

请根据上述案例回答以下问题：

1. 如何最大化保障候选人的利益？

2. 在签订劳动合同时作为猎头要注意哪些方面的问题？

微课资源

扫一扫，获取相关微课视频。

6.1　录用函的设计　　　6.2　劳动合同签订

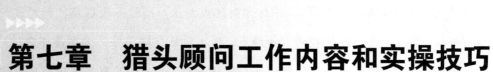

第七章　猎头顾问工作内容和实操技巧

【学习目标】

通过对本章内容的学习，学生需要做到：

1. 了解猎头顾问的工作内容；

2. 了解猎头顾问在工作中的常用技巧。

【引导案例】

某地产集团(以下简称集团)于 2001 年设立,总部设在南宁。集团业务主要分为三个板块:房产运营、房产广告和产业投资。集团董事会提出重点发展房产运营,对管理层和组织构架进行了优化和调整,并加大了地产新项目的拓展力度,着力在广西乃至全国范围内扩张。在成功竞标到南宁某标志性地产运作项目后,同时引进高端人才对管理层和组织构架进行优化和调整迫在眉睫。集团决定在社会上公开招聘负责该项目的公司副总经理。在近三个月的直接招聘(通过登报及中高端人才招聘会和几大人才网站发布招聘消息等)无果的情况下,集团决定启用猎头服务。

1. 需求分析

某人力资源服务公司的猎头项目经理与集团董事长深入交流,详细查阅了第三方资料,掌握了集团其他股东背景、发展现状、市场地位及远景规划,并围绕“地产公司副总经理”职位进行了讨论,最终双方对目标人选的关键要素(职责、从业背景、性格特点、职业取向、薪酬等)及寻访方向达成共识。通过多次磋商,针对这一地产项目精细、高端以及招商管理滞后等特点,猎头项目经理将寻访方向最终定位为:在地产行业知名、大型本土企业任职的高层管理人员,且必须具有高端地产项目运营管理背景,熟悉招商流程,有成功主持大型房地产项目全程开发的经历,在商业地产项目招商方面有自己的渠道。

2. 人才寻访

第一阶段:猎头项目经理根据既定的计划,首先圈定的是广西地产企业,且在项目运营方面表现出色,再结合上述地产项目特点,筛选出 8 家目标企业;然后,根据企业的不同规模大小、组织架构,选定了目标人选在各企业中的职位,并进一步确定目标人选的名单(共有 6 名人选进入视线);猎头项目经理通过自身的渠道对目标人选的背景情况进行了初步了解和掌握,最后有 1 人是因为完全不合适被直接放弃,另外5 人初步入选。

第二阶段:猎头项目经理与选定的目标人选分别进行了电话沟通,了解其在现企业的工作现状及其对自身未来发展的倾向,有策略性地介绍某集团的发展背景、竞争优势及职位信息，并向其提供职业发展方面的专业意见。对有意向的人选，逐一安排了面谈、复试、测评及背景调查。在此阶段，初步确定了3名可以推荐的候选人。

3. 正式推荐

猎头项目经理先后安排了这3名候选人与集团高层会面。完成面试环节后，猎头项目经理与集团高层就面试的结果交流了意见，集团对其中的两名候选人表示有进一步接触的意向。在随后两个月的时间内，猎头项目经理安排双方进行了多次沟通和交流。最后，集团与其中一位候选人选达成了聘用意向，猎头项目经理接下来又对该候选人选进行了详细的职业背景调查(重点对其技术能力和职业操守进行深入了解与核实)，并提交了调查报告。集团第3天即回复告知确定聘用该候选人，但此后在薪酬的计算与发放方式上，用人双方出现了分歧，令项目存在一定的变数。猎头项目经理得知这一情况后，又两次专门就薪酬问题与候选人进行了仔细的沟通，并提出策略性的建议，最终找到了用人双方均能够接受的薪酬计算与支付方式。

4. 正式上岗

猎头项目经理协助用人双方在职责权限、上岗时间等细节问题上全部达成了一致意见。经过长达3个月的努力，该候选人选终于正式加入集团，出任地产公司副总经理一职，业绩表现很优秀。由于该项目的成功合作，该人力资源服务公司从此与集团也建立了长期、稳固的合作关系。

(资料来源：熊坚.中国人力资源服务外包实操手册[M].北京：中国劳动社会保障出版社，2019.)

思考： 地产公司副总经理岗位是如何找到合适人选的？

第一节　猎头顾问工作的内容

猎头顾问工作是通过为客户提供定制化的高级人才解决方案，满足企业在特定领域内对高层次人才需求的过程。猎头顾问通过精准的市场定位、深入的行业分析以及高效的人才搜索策略，确保企业能够迅速获得具备所需技能和经验的候选人。此外，猎头顾问还需对候选人进行全面评估，包括但不限于专业背景、工作表现和潜在发展能力，以确保其与企业文化和战略目标的高度契合。猎头顾问是猎头服务质量的关键因素，通过他们的服务不仅助力企业优化人才结构，还为候选人提供了实现职业抱负的平台，进而推动整个行业的创新和进步。

一、猎头顾问服务的本质

猎头顾问在其服务过程中扮演着销售者的角色。他们通过销售自己的专业服务，即为企业寻找并吸引顶尖人才，来实现自身的盈利目标。猎头行业的核心在于个人人力资源信息和数据的搜集、管理与应用，这些信息和数据是猎头公司提供服务的基础。通过猎头顾问精准的市场定位、深入的行业分析和高效的人才匹配，猎头公司能够为客户企业提供高质量的人才招聘解决方案，从而在竞争激烈的市场中占据一席之地。

(一)猎头顾问的销售特质

猎头公司在整个服务过程中是个营销的过程，猎头顾问的主要目的是推动交易的达成。因此猎头顾问必须秉持结果导向，无论从明确客户的招聘需求还是推动面试流程的进展，都必须充当一个积极推动者的角色。而且任何客户及人选的需求都有一个时间窗口，错过就是错过了一个商业成交的机会。所以猎头服务公司的本质是一个服务销售公司，缺乏销售特质的猎头顾问会导致结果遥遥无期，让客户和候选人都失望。

(二)猎头顾问的信息分析师特质

猎头行业具有人力资源信息和数据产业的特征。猎头顾问及猎头公司将客户及人才的需求数据进行收集、整理和分析，对所有的数据和信息进行精准的分类后才可能实现高效的匹配。而客户及人才信息是个动态变化的过程，需要猎头顾问持续地关注、识别、处理和重新梳理分类，这是猎头顾问所要面临的挑战。数字技术、人工智能等技术的发展，助力猎头顾问和猎头企业更高效地进行数据处理，更准确地进行人才搜索和匹配。

二、猎头服务的类型

猎头服务根据不同的标准可以进行不同的类型划分，常见的猎头服务有以下几种类型。

1. 按寻访的职位高低划分

按寻访的职位高低划分，猎头服务可分为高端猎头、中层猎头和低端猎头。高端猎头专门寻访高层岗位的顶级人才；中层猎头主要寻访中层岗位的高级人才；低端猎头也称"小猎头"，一般寻访的是普通岗位的优秀人才。

2. 按地域分布划分

按地域分布划分，猎头服务可分为国际猎头服务和国内猎头服务。国际猎头服务指的是客户委托招聘的职位要求候选人常驻国外，或是寻猎国际性人才以及国外当地人才。国内猎头服务主要是寻猎在国内工作的岗位。

3. 按服务内容划分

按服务内容划分，猎头服务可分为标准猎头服务、长期委托猎头服务、定向委托猎头服务、人才甄别服务以及背景调查服务。

三、猎头服务的内容

1. 标准猎头服务

通常是针对具体项目进行的猎头服务，根据职位的高低、寻猎难度大小、区域特点、客户要求等，对不同职位采用标准化收费、提供标准化服务。标准猎头服务仅在客户企业有高级人才需求时才产生。

2. 长期委托猎头服务

客户企业与猎头公司签订长期猎头服务协议，进行长期合作，针对多个职位以猎头方式寻访所需高级人才，充分利用专业猎头公司建立的人才寻访网络。

3. 定向委托猎头服务

猎头公司依据客户要求"定向寻猎"，或委托招聘特定职位，猎头公司通过妥善的方式将客户指定需要的一个或多个目标人选寻访到客户企业工作。

4. 人才甄选服务

猎头公司承接客户委托的面试、测评等甄选工作，并提供分析评价报告。面试一般由富有经验的专职或兼职猎头顾问进行，通过面试提供专业的参考性面试意见和评价。猎头公司提供的人才测评通常包括评价中心测评和专家测评两种。

5. 背景调查服务

猎头公司接受客户委托，对候选人员进行人事调查，有明访、暗访和全面调查等形式。调查方法一般有电话访问、电话刺探、面谈调查等。调查结果一般以口头或书面两种方式汇报。

四、猎头服务的核心价值

对于企业来说，猎头服务的核心价值主要体现在快速、有效和成功获取高层次人才。猎头服务为企业招聘合适的精英，推动企业快速发展，还在一定程度上增加了人才的稳定性和匹配率。此外，猎头公司还能为企业未来的战略人才储备规划提供建议。对高层次人才而言，猎头的核心价值在于为人才规划职业生涯，实现其职业抱负和理想，让人才价值得到最大化的体现。

第二节　猎头顾问实操技巧

猎头服务流程是一个复杂且精细的系统，它涵盖了从企业需求分析到候选人最终入职的全过程。猎头顾问工作可以划分为三个主要的流程：客户端工作流程、候选人端工作流程以及猎头公司内部工作流程。完成每个维度的工作都有一定的技巧。下面我们将从客户、候选人以及猎头公司内部管理三个角度介绍猎头顾问的实操技巧。

一、客户端工作技巧

猎头服务的客户端工作流程包括了客户开发、寻访、跟踪服务等阶段，是猎头公司业务的核心流程。客户端工作流程具体包括电话开发客户、客户拜访、谈判和合同订立、职位详情问询、候选人推荐、面试和跟踪服务、Offer的沟通、背景调查、保证期服务、收款等环节。客户端工作流程如图7.1所示。

(一)开发客户电话

猎头顾问通过开发客户(BD，Business Development)电话来和企业的招聘负责人建立联系，通过沟通来推广猎头企业的服务和拓展业务，同时也通过交流来判断该企业实力和发展趋势，以及对人才需求的迫切程度，以此最终通过双向选择来决定是否进行进一步合作。

1. 准备工作

猎头顾问需要通过多种渠道事先获取潜在客户的联系方式，通过BD电话与客户取得沟通。通常猎头BD的具体对象是负责招聘的HR或者具体用人部门经理；同时通过网络或熟人介绍，猎头顾问必须对客户的行业、产品、规模和正在招聘的职位等各种信息有基本了解。

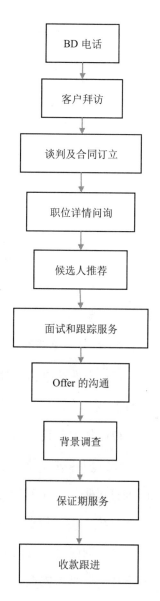

图7.1 客户端工作流程图

2. 打 BD 电话的基本流程

打 BD 电话的基本流程如图 7.2 所示。

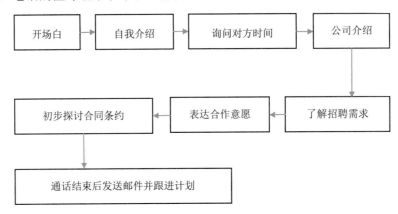

图 7.2　BD 电话流程

3. 打 BD 电话的技巧

(1) 当拨通电话，对方接起后，首先要礼貌称呼对方，同时也需要确认对方是不是你要找的人，例如：李经理，您好！

(2) 马上自我介绍一下自己的名字和来自哪个猎头公司，让对方知道你的来意。

(3) 询问对方是否方便占用几分钟时间做一个沟通。如果对方正好不方便则另约时间打过去。如果对方方便则对猎头公司的具体情况进行详细介绍，包括公司历史、顾问规模、专注行业、擅长领域、服务特色等。

(4) 询问对方目前的招聘现状，包括招聘需求及预算、目前招聘工作中遇到的痛点和压力、是否需要新的猎头供应商的介入等。如果对方有合作意向且时间允许，可就合作的合同条款进行初步交流，并向客户建议用几个职位作为试单。

(5) 结束通话前，先要感谢客户抽出时间来交流，同时询问对方的微信号和工作邮箱等，以便后续商务联系。

(6) 通话结束后，写一封正式的商业邮件给客户，同时把猎头公司的简介和其他相关的市场资料发给客户。

(7) 猎头顾问设置好下一次跟进的时间。

4. 老客户的二次客户开发

由于双方已建立了合作关系和信任，BD 电话不需要破冰阶段，双方可直接进入招聘需求和职位细节讨论阶段。

(二)客户拜访

客户拜访通常是发生在 BD 电话后，客户觉得有意愿进行进一步的合作，所以双方约定好时间让猎头顾问去客户的工作场所进行现场见面交流。因此客户拜访的目的是为了进一步增进双方的了解和合作的可能性。

1. 客户拜访的准备

猎头顾问需要准备介绍自己公司/团队的 PPT，以突出自己的专业能力来满足客户的招聘需求，同时也要准备好商务合同等文件。

2. 客户拜访的技巧

(1) 猎头提前 10～15 分钟到达客户公司，以显示诚意和重视。

(2) 会谈开始后，猎头顾问首先介绍猎头公司的基本情况和服务特色。PPT 和公司宣传资料是很好的辅助工具。会谈应注意预留客户的提问时间。

(3) 客户介绍本公司情况及招聘需求和困难。猎头顾问应注意记录，并尽可能提出他们对市场的洞见，展现其专业能力。

(4) 表达有意向合作，建议客户对当前急招职位进行合作的尝试，并探讨具体合作的合同条款细节。

(5) 双方约定下一步的行动，会谈结束，握手道别。

(三)合同谈判及签订

猎头服务合同可以由客户或猎头公司提供基本模板。合同模板一般都经过企业内部的法务、财务或其他相关部门讨论制定。合同模板主体的条款一般都相差不大，但个别条款有所差异。双方一般会先就双方的合同模板进行审阅，确定合同模板，并就需要调整的条款进行协商。

主要协调的条款集中在以下几点。

(1) 计算服务费的基数(通常以年薪作为计算基数)。

(2) 服务费费率。

(3) 付款方式和付款周期。

(4) 保证期时限。

(5) 违约责任或退赔款约定。

(6) 最低收费标准。

双方通常通过邮件和电话会议的方式来协商合同条款，如果双方最终达成一致，则由双方签字盖章，完成合同订立。

(四)职位详情问询

职位详情问询的目的是真正了解客户的需求和岗位的核心关键点，猎头顾问和客户共同绘制人才画像，以便按图索骥，提高人才寻访的效率。职位详情问询主要内容包括以下五点。

1. 了解职位产生背景

通常职位的产生有"替换职位"和"新增职位"两种类型。猎头顾问应了解客户所寻访职位产生的背景和原因。

2. 收集职位基本信息

职位的基本信息必须问询清楚，例如职位的具体名称、隶属关系、具体工作地点、工作权限、职级等。此外，还需要了解寻访职位空缺的时长以及之前的招聘情况。

3. 确定候选人筛选标准

候选人筛选标准确定时，要对岗位类型进行区分。一般来说，基础职位主要询问的是客户对候选人硬性技能(hard skills)的要求，例如关键技能、资格证书，学历等。而高端职位则主要询问客户目前在该岗位上碰到具体问题及对候选人的资源或能力等软性技能(soft skills)的要求。这类岗位通常更关注候选人以往是否有类似的项目经验或成功案例等。

4. 评估面试流程和决策机制

猎头顾问也需要询问客户找人的紧急程度，以及客户具体面试流程的安排和最终决策者。

5. 确定薪酬预算和福利细节

猎头顾问必须要清楚地掌握客户愿意支付给符合条件的候选人的薪酬预算范围和具体薪资福利待遇。这是候选人非常关注的关键信息。

(五)候选人推荐

1. 标准简历制作

当猎头顾问面试筛选出符合客户需求的候选人后，猎头顾问将候选人的"原始简历"做成猎头公司统一格式的"标准简历"。由于候选人的原始简历格式和排版不尽相同，而标准简历的优点则在于格式统一，重点突出，便于客户快速了解候选人的情况，更有利于客户在多个候选人之间进行比较各自的背景差异和优缺点。

2. 猎头顾问的面试评价

猎头顾问必须提供对每个候选人的面试评价，包括了候选人的经验、能力、性格等方面内容，有些客户还会要求候选人做性格测评，猎头顾问也应根据客户要求开展。

3. 猎头顾问编写人才推荐报告

猎头顾问对标准简历和候选人的面试评价进行整合，编写"人才推荐报告"，并提交客户，完成人才推荐的工作。

4. 跟进

猎头顾问在提交候选人的人才推荐报告后，必须通过电话和客户确认对方已收到，并且双方就候选人的简历进行沟通，猎头顾问需要阐述推荐到的理由，以及该候选人和客户需求的匹配性；而客户也根据简历做出自己的判断和决定是否要安排面试。

(六)企业面试安排

(1) 面试安排细节确认：一旦客户决定要面试候选人，猎头必须先和客户确认面试安排细节：具体日期和时间；面试地点；面试方式：电话、视频或面对面，包括是否有笔试等；面试官的信息：一个面试官还是多个面试官；是轮流面试还是群体面试；面试的时间长度(以便候选人请假留出足够的时间)；其他注意事项：例如候选人要带好相关证书或作品等。

(2) 当猎头顾问和候选人确认没有问题时，必须再次给客户确认的回复；如果候选人对以上细节有问题时，例如时间冲突等，则需要猎头与双方再次进行协调，直至双方都没有问题。

(3) 最后在面试前一天，猎头顾问要提前提醒客户明天的面试，以防疏忽忘记了该面试安排。

(七)面试和跟踪服务

1. 面试

(1) 面试细节确认：在开展面试前，猎头服务要提前对面试的细节进行确认，包括具体的面试日期、时间和地点；面试方式包括是否需要笔试，以及面试官的人数和身份；面试时长，并提醒候选人预留足够的时间等。

(2) 候选人协调：猎头顾问与客户确认面试细节后，要向候选人传达面试安排，确保他们了解所有细节；如果候选人提出问题，如时间冲突，猎头顾问应及时进行协调。

(3) 面试提醒：在面试前一天，提前提醒客户和候选人面试安排，确保面试顺利进行。

2. 面试后的跟踪服务

(1) 猎头顾问通常应在客户面试候选人的第二天致电客户，收集面试反馈意见，听取客户对候选人的面试评价和面试结果，同时也就客户对候选人面试结构的合理性给出自己的建议。

(2) 如果候选人通过了面试，则进一步与客户确认下一轮面试安排或讨论发放offer 的细节。如果候选人没能通过企业的面试，则顾问应与客户再次确认寻访方向以及候选人要求是否需要进行调整，为后续寻访新的候选人做出准备。

(3) 猎头顾问向候选人反馈面试结果，并将候选人对面试的感受、意愿等信息同步反馈给客户，确保沟通顺畅，保持寻访信心。

(八)offer 的沟通

经过多轮面试安排，最终客户决定录用候选人时，猎头顾问需要和客户确认职位的细节，完善 offer 信息，具体包括以下内容。

(1) 职位的具体名称。

(2) 汇报对象和管理的下属。

(3) 工作地点。

(4) 薪酬及激励的明细。

(5) 福利条件。

(6) 考核指标。

(7) 期望到岗时间。

猎头顾问需要仔细研读 offer 的具体信息，确保完全理解客户 offer 的条件细节；同时猎头需要站在候选人角度去审视这份 offer 是否存在不清晰的地方，在猎头顾问正式传达该 offer 之前，必须再次和客户探讨和确认，甚至通过预判来建议客户修改。

当 offer 正式传达给候选人后，候选人确认接受或对某些条款表示不接受，猎头顾问必须马上反馈给客户，并寻求双方就此条款的解决方案，通过不断协商促成最终双方签字确认 offer。

(九)背景调查

(1) 客户在候选人签订 offer 且在原公司办理离职申请后，会让猎头顾问启动"背景调查"工作。

(2) 背景调查通常会由客户指定的第三方专业背景调查公司或推荐该候选人的猎头顾问来进行。

(3) 背景调查的采访对象是由候选人自己提供给猎头顾问或背景调查公司的，包含了他们的姓名、联系方式和职位等。

(4) 背景调查的采访对象通常是候选人最近两份工作的直接上司和企业 HR 组成。

(5) 猎头顾问把采访过程中关于采访对象一系列问题的回答如实填写到背景问卷中，检查无误后，最终以报告的形式提供给客户。

(十)保证期的跟进

在候选人正式入职客户公司后，猎头顾问需要持续跟进客户在新人入职试用期内的工作表现情况。猎头顾问可以把客户对候选人是否满意的具体信息反馈给候选人，让其尽快做出调整，达到客户的要求。同时猎头顾问也需要跟进候选人的工作感受，把候选人的情况反馈给客户，以便客户提供更适合候选人发展的工作环境。

若猎头顾问在新人入职的保证期内跟进时，发现有新人离职或客户终止试用期的可能，且这样的决定无法扭转，猎头顾问应该马上启动寻找替补候选人。

(十一)收款

(1) 猎头顾问在成功为客户找到的候选人后，按照合同约定，猎头顾问需要计算相应的猎头服务费用，告知客户并与其确认具体金额和付款方式。

(2) 客户确认后，猎头顾问通知公司财务开具发票，并负责快递纸质发票给客户或发电子发票给客户。

(3) 猎头顾问需要跟进客户收到发票并已按合同约定进入付款流程，确保按时付款。

(4) 若猎头公司在合同约定时间尚未收到客户付出的款项，则猎头顾问需要联系客户进行催款。

二、候选人端的工作流程

候选人端的工作流程如图 7.3 所示。

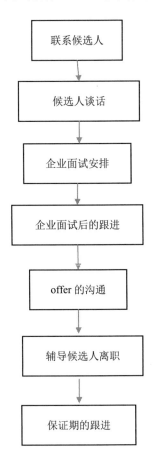

图 7.3　候选人端工作流程图

(一)联系候选人

猎头顾问通过电话等方式与候选人取得联系,可迅速了解候选人的工作经历、能力水平、候选人跳槽意愿和期望,是一个"粗筛"的过程。猎头顾问可实现候选人与已有职位的快速匹配,并进一步安排面试来进行"精筛"。

1. 准备工作

猎头顾问需要事先拿到候选人的联系方式,如果有对方的简历更好(不一定要最近更新的简历),这样猎头顾问可以有针对性地准备好可能与此候选人匹配的岗位信息,以便在电话里一并沟通了。

2. 候选人电话联系的基本过程

候选人电话联系的基本过程如图 7.4 所示。

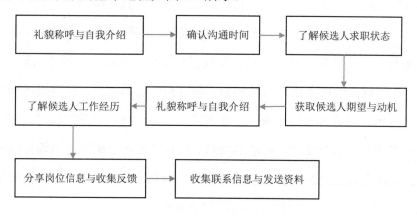

图 7.4 候选人电话联系的基本过程

(二)候选人谈话

将候选人推荐给客户之前,都需要经过猎头顾问的谈话。谈话形式可以分为:面对面谈话;视频谈话;电话谈话。越是高管的岗位,猎头顾问越倾向于采用面对面谈话。面对面谈话中的细节会体现一个候选人的整体素质,同时见面交流更容易产生信任,且沟通的内容也更为丰富多面,有助于猎头顾问综合判断候选人和岗位的匹配程度。随着视频谈话逐渐被大众接受,同时又具有不受距离影响、时间安排较灵活等特点,使得面试效果仅次于面对面谈话。电话谈话通常只是与候选人初次沟通问得更为详细一些，但是判断候选人的准确率偏低，也无法观察候选人肢体语言等行为，容易造成偏差。

1. 准备工作

猎头顾问事先和候选人约定谈话的时间和地点；同时猎头顾问要预先仔细阅读候选人的简历，找出其中的关键点，对那些需要候选人进一步阐述或是有疑问的地方做好标记，以便面试时获得相关信息。

2. 猎头顾问谈话基本技巧

(1) 猎头顾问和候选人双方在约定的时间地点见面。

(2) 猎头顾问详细介绍猎头公司的业务和服务的客户，以及自己团队实力及本人专长等，增进候选人对猎头企业、团队和猎头顾问的信任。

(3) 猎头顾问对候选人工作经历的具体工作内容、具体职责、从事的项目、管理的下属团队、汇报对象、薪资水平以及离职原因等一系列能体现和证明候选人工作能力的情况进行全方位了解。同时，猎头顾问也将简历中的疑问向候选人进行核实。

(4) 猎头顾问向候选人推介与其能力、要求相匹配的岗位，详细阐述客户公司及岗位情况，包括对服务客户的行业、产业规模、产品细分、组织架构等。同时也把目前客户在招聘岗位的具体要求、可能的挑战、面试的流程、薪酬待遇等详细情况告知候选人，让候选人对企业客户和职位都有非常清晰和准确的理解。同时也听取候选人的想法和有疑问的地方，双方进行深度探讨和交流。

(5) 谈话结束，经过猎头顾问评估，候选人匹配岗位要求且愿意接受推荐的岗位的，可告知候选人下一步的推荐安排。若猎头顾问或候选人有任何一方觉得不适合进一步推进的，也可以明确告知对方暂不推荐，等有其他合适岗位再合作。

(三)候选人面试

确认推荐后，猎头顾问应与客户确认面试安排并尽快联系候选人，确认候选人是否可以准时参加该面试。面试前猎头顾问也会对候选人进行提醒和简单的面试辅导。

(四)企业面试后的跟进

猎头顾问通常在候选人参加完企业面试当天与候选人就面试的过程、面试感受及时长等进行沟通，收集对方的面试反馈、对企业及面试官的直观感受以及对该职位是否有变化等。当猎头顾问收到客户这边面试反馈和结果通知后，猎头顾问会第一时间告知候选人。

(五)offer 的沟通

客户最终确认要录用候选人时，猎头顾问会正式与候选人进行沟通，把 offer 的每个细节清晰地传递给候选人，逐一确认并听取对方的反馈，并且把这些记录下来如实反馈给客户，争取双方在友好协商的基础上达成一致。

(六)辅导候选人离职

当候选人正式签了 offer 后，猎头顾问就要进行候选人的离职跟进和辅导，指导候选人严格按照劳动法和当地法律法规正确办理离职申请流程，同时确保候选人顺利进行工作交接。在候选人离职过程中若是碰到原单位挽留或故意刁难等情况，猎头顾问要辅导、帮助候选人合理合法应对各种刁难和阻碍，直至候选人顺利离职。

(七)保证期的跟进

在候选人正式入职客户公司后，猎头顾问需要持续跟进新人入职试用期内的感受，同时猎头顾问可以把候选人一些工作上的合理建议反馈给客户，以便客户让新人尽快适应新的工作环境。

三、猎头公司内部的工作流程

猎头公司内部工作流程如图 7.5 所示。

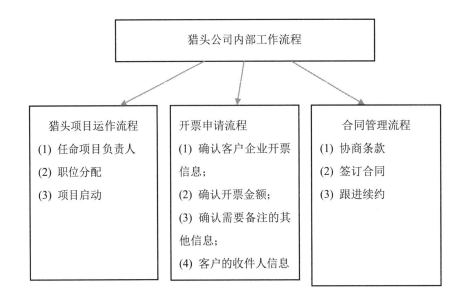

图 7.5　猎头公司内部工作流程图

1. 猎头项目运作流程

(1) 设立项目小组：通常客户会提出多个职位需求，猎头公司内部应设立项目小组并进行职位分配。

(2) 任命项目负责人：项目负责人是直接与客户进行对接的猎头顾问。项目负责人收集、传达客户对不同职位的要求以及其他信息，并将项目的进展反馈给客户。

(3) 职位分配：项目负责人召集猎头顾问参加项目会议，介绍客户基本情况、岗位要求、交付要求等信息，猎头顾问提出建议并自行决定是否承接加入项目组。项目负责人按照猎头顾问的擅长领域、交付能力、寻访职位地域要求、职能和级别等要素进行职位分配。

(4) 项目启动：项目小组成员完成职位分配后，项目正式启动。项目负责人定期召开项目会议进行项目沟通和工作汇报检查，监督每个猎头顾问按计划完成交付。项目启动后，猎头顾问开始按照客户要求开展工作。具体内容我们将在后面章节中进行讲解。

2. 开票申请流程

猎头顾问按照和客户签订的合同中的付款条件，准时提供给财务部门申请开票的信息，具体包括以下内容。

(1) 客户企业的开票信息。

(2) 与客户确认无误的开票金额。

(3) 发票需要备注的其他信息。

(4) 客户的收件人信息。

财务开票后会通知猎头顾问，然后快递纸质发票或通过电子邮件发送电子发票给客户。猎头顾问需要及时跟进客户是否收到发票，以防遗漏遗失。

3. 猎头顾问合同管理流程

(1) 协商条款：猎头顾问根据公司规定与客户讨论合作条款，如有修改需求，须报备法务财务审批。

(2) 签订合同：审批通过后，双方签订合同，一式两份，签字盖章后双方各执一份，财务将其归档备查。

(3) 跟进续约：财务定期跟进合同到期情况，提前通知猎头顾问确认是否续约。若无变更，使用原合同版本；若有变更，需重新报备审批。

猎头顾问在客户端、候选人端、内部流程端三个方面工作相互依存、相互促进，共同构成了猎头顾问服务的完整框架。通过提升这三个维度的工作能力，猎头顾问可以为企业提供更高效、更精准的人才引进服务，同时也为候选人提供更好的职业发展机会。

本 章 小 结

1. 猎头顾问服务具有销售特质和信息分析师特质。猎头服务根据不同的标准可以进行不同的类型划分。按寻访的职位高低划分，猎头服务可分为高端猎头、中层猎头和低端猎头。按地域分布划分，猎头服务可分为国际猎头服务和国内猎头服务。按服务内容划分，猎头服务可分为标准猎头服务、长期委托猎头服务、定向委托猎头服务、人才甄别服务以及背景调查服务。

2. 猎头顾问的工作可以划分为三个主要的流程：客户端工作流程、候选人端工作流程以及猎头公司内部工作流程。

课后思考题

1. 简述猎头顾问服务的本质。

2. 简述猎头服务的类型。

3. 简述猎头顾问候选人谈话的基本技巧。

案例与讨论

一次成功的猎头服务

未来智联是一家初创科技公司。公司正致力于开发一款革命性的智能家居系统，急需一位具有丰富 AI 算法经验的首席技术官(CTO)来引领技术团队突破难关，加速产品迭代。公司向智选猎头公司发出了猎头服务请求。张小亮是智选猎头公司的资深猎头顾问，以其敏锐的洞察力、卓越的沟通能力和深厚的行业知识，成为公司里的明星员工。公司将未来智联的这个项目交给他来负责。

张小亮接到这个项目后，迅速确定了项目的实施方案，并开展了相关工作。张小亮首先与未来智联的 CEO 进行了深入交流，详细了解公司的文化、技术栈、项目现状及对 CTO 的具体要求。通过细致的需求分析，张小亮制定了详尽的职位描述，明确了候选人需具备的技能、经验、领导力及个性特质。利用行业数据库、社交媒体、专业论坛等多种渠道，张小亮开始广泛的市场调研。他筛选出一批符合条件的候选人，并通过初步的电话访谈，进一步确认了他们的意愿度和初步匹配度。对于初步筛选出的几位候选人，张小亮安排了深入的背景调查和技术能力评估，包括过往项目案例的审核、专业技能测试等。随后，他精心设计了面试流程，邀请候选人到未来智联进行面对面交流，同时邀请团队成员参与，确保全方位评估候选人的适配性。经过多轮面试，张小亮成功锁定了一位既符合技术要求又与公司文化高度契合的候选人。他凭借丰富的谈判经验，协助双方在薪资、福利、股权激励等方面达成了共识。同时，张小亮向未来智联提交了详细的录用建议报告，包括候选人的发展规划建议，以确保长期合作的稳定性。候选人正式入职后，张小亮并未停止服务。他定期与双方沟通，协助解决初期可能遇到的文化适应、团队融入等问题，确保候选人顺利过渡。同时，他也收集了双方的反馈，不断优化猎头服务流程。

在张小亮的精心运作下，未来智联的新 CTO 迅速带领团队取得了技术突破，产品上市后获得了市场的高度认可。张小亮的专业服务不仅帮助客户找到了关键人才，也为自己赢得了良好的口碑和更多的业务机会。

请根据上述案例回答以下问题。

1. 张小亮在成功完成本次猎头服务项目的过程中开展了哪些工作？

2. 你认为张小亮的哪些素质是一位优秀猎头顾问所应该具备的？

微课资源

扫一扫，获取相关微课视频。

7.1　猎头顾问工作的内容

7.2　猎头顾问实操技巧-客户端技巧

7.3　猎头顾问实操技巧-候选人端、猎头公司内部流程技巧

第八章 实训项目

【学习目标】

通过对本章内容的实训练习，学生需要做到：

1. 熟悉猎头服务的客户开拓技能；

2. 熟悉猎头服务的人才寻访技能；

3. 熟悉猎头服务的候选人推荐技能；

4. 熟悉猎头服务的面试技能。

案例一　某外资汽车零部件企业客户开拓案例

这是一家坐落于上海的欧洲独资汽车零部件企业，也是世界 500 强，产品覆盖传统汽车电子、底盘和发动机等领域，是传统汽车零部件行业的佼佼者。

随着中国新能源汽车研发和制造的崛起，传统的外资汽车零部件企业在智能汽车的电动化、网联化、智能化、共享化方向越来越跟不上中国新能源汽车创新的节奏，尤其是这家欧洲企业保守、缓慢的决策机制，在多变、快速升级迭代的中国新能源汽车市场中逐渐掉队，市场份额不断被后来的中国汽车零部件企业蚕食。原先这家企业在战略上想放弃一部分低端产品市场，把重心放在高端产品研发和制造上，但是中国汽车市场的发展创新不同于海外汽车市场，我们的创新和变化速度让这家企业在高端产品的研发制造也开始面临来自本土汽车零部件企业的强力竞争。再加上这家企业的研发部门主要在欧洲，无论是对中国汽车市场变化的敏感度，还是为客户提供技术服务的及时性上都有很大问题，更具挑战的是中国团队需要不断把国内的市场趋势和客户要求反馈并解释给国外研发团队，而国外研发团队的不理解、误解和缓慢反馈造成了对内部门之间矛盾重重，对外导致客户投诉不断和业务掉单不断。

因此这家客户决定在国内从零开始组建一支研发团队，第一年研发团队规模在 30 人左右，第二年希望扩大到百人，最终国内研发团队希望在上海、广州和芜湖三个城市共计 200 人左右。因此这家企业需要尽快招聘一名研发总监，全面负责该企业在中国研发团队的筹备、组建、管理和发展。

这家公司的企业文化是非常典型的欧洲企业的文化，主要体现在对员工的关怀和尊重，以及企业提供了市场上很有竞争力的薪资水平。同时在员工的海内外培训及海外工作的机会、员工的福利待遇方面也是十分完善的，具体来说带薪年假、带薪病假、补充医疗等都很人性化地提供给员工。公司很少要求员工加班，工作时间也是弹性工作制。然而这逐渐也形成了一些弊端，不少员工的工作效率开始降低，自驱力也不够，导致部门之间合作效率降低，甚至互相推诿。这在中国激烈竞争同时又非常"卷"的市场环境下，这家企业的竞争力明显不够，因为当前这家企业也在准备做一些文化上的调整，优化掉一些工作效率低，团队配合度差，自驱力不强和业绩不佳的员工。当然接下去要新建的研发团队必须从一开始就要保持积极的战斗力，赶上竞争对手，抢回先前日益丢失的市场份额。

猎头公司是第一次受这家欧洲汽车零部件企业的委托，寻找一名中国区研发总监候选人，同时也需要双方先洽谈落实合作的合同签署。

实训项目一：客户拜访

一、实训目标

训练猎头顾问收到初次合作的客户需求后迅速对客户进行拜访，在实地拜访中对客户公司的环境、文化、产品及需求等进行快速的了解和熟悉，尤其是和将要对接工作的 HR 建立信任，高端岗位最好能和这个职位的直接上司对话，了解其真正的需求，从而对"客户"及"岗位"都形成一个"精准画像"。

客户招聘需求分析如下。

(1) 客户是一家世界 500 强的欧洲独资汽车零部件企业，需要在中国建立研发团队以应对新能源汽车市场的挑战，所以需要的人选最好是汽车行业精通英语的中国人。

(2) 客户需要的人选需要负责中国研发团队的筹备、组建、管理和发展，以提升企业的竞争力，且需要适应欧洲企业文化，同时推动团队在激烈的中国市场竞争中保持高效率。

(3) 这个职位需要构建高效率的团队，并激励员工提高自驱力，以适应中国市场的竞争环境以及协调国内外团队，解决沟通反馈问题，并确保内外部客户需求的及时响应。

(4) 候选人还需要对中国新能源汽车市场保持高度敏感，并推动团队快速响应市场变化。

二、实训内容、方式、步骤及要求

(1) 学生会被告知客户企业的名称，在规定时间内通过互联网和微信公众号等网络媒体对企业的概况、产品、客户等重要商业信息做一个初步了解。

(2) 学生会被告知客户招聘岗位的需求，要求在规定时间内做好客户拜访前的准备工作，具体包括自己猎头公司的简介、拜访顾问/团队的自我介绍，以及初步符合客户招聘岗位的候选人简历，以及和客户确认见面的时间、地点、人物等。

(3) 学生要求模拟在规定时间内完成客户拜访的全过程，从双方的介绍、对招聘职位的了解和初次合作的合同洽谈。

(4) 学生完成客户拜访后的跟进工作，包括发送感谢邮件和相应的行动计划的确认。

三、推荐实训时长

总体实训时长为 105 分钟，具体如下。

(1) 如何拜访客户的培训 30 分钟。

(2) 案例背景介绍 5 分钟。

(3) 学生客户拜访前准备、模拟客户拜访以及客户拜访后跟进 60 分钟。

(4) 培训总结 10 分钟。

实训项目二：合同谈判

一、实训目标

训练猎头顾问简明扼要向客户解释猎头合作合同的要点，同时询问客户对合作的具体条款和付费条件的认可度，双方就存在异议的要点进行沟通和解释。

二、实训内容、方式、步骤及要求

(1) 每个学生都会分配到一份标准猎头服务合同，要求学生在规定时间内迅速阅读该合同，并且标注出合同的要求和存在疑问的地方。

(2) 学生上台发言，模拟向客户解释该猎头服务合同的内容，并询问客户对其中不理解和有异议的地方，双方就细节展开讨论。

(3) 学生需要在争取我们猎头公司最大利益的前提下，就客户的需求和坚持的要求做出一定的妥协，确认在双赢基础上双方就合同达成一致。

三、推荐实训时长

总体实训时长为 60 分钟，具体如下。

(1) 如何开展猎头服务合同谈判的培训 30 分钟。

(2) 案例背景介绍 5 分钟。

(3) 学生模拟和客户谈判合同 15 分钟。

(4) 培训总结 10 分钟。

案例二 某汽车车灯企业人才寻访案例

这是一家浙江民营汽车车灯零部件生产企业，最初创业开始的 10 年是一家汽车车灯零部件二级供应商，主要从事车灯塑料件和附件的生产，他们的客户是知名外资车灯品牌企业。又经过 10 多年市场耕耘，他们已经从车灯的部分塑料件和附件成长为能完整设计和生产全套车灯的一级供应商，直接开始向汽车主机厂供货。产品目前不仅已经打入众多自主品牌的汽车主机厂，也正在准备发力打入合资和外资品牌的汽车主机厂。

整个公司产值由最初的两千多万增长到目前近 8 个亿的营业收入，员工人数规模从原来的 100 多人扩大到近 500 人，公司的组织架构也从原来以生产部门为主，扩展到研发(软件、硬件、结构件等细分团队)、供应链(供应商开发、供应商质量、采购、仓储物流等细分团队)、质量(质量体系、前期质量、质量保证、质量检测、客户质量等细分团队)、工艺技术(生产工业、现场技术支持、设备维修保养等细分团队)、销售

(自主品牌 OEM 客户开发、合资外资 OEM 客户开发、外贸/电商业务开发等细分团队)等，人力资源、财务和市场部门的人员架构和分工也日趋完整。

另外，公司的企业文化也在 5 年前完成了从比较刻板的工厂管理和严格成本控制模式，转变为更开放以及更包容的鼓励创新和自驱结果导向的管理模式，公司在员工宿舍、娱乐、食堂和团建活动等各方面都能提供比较完善和吸引年轻新生力量的服务和福利。公司已经吸引到好几个从外资企业跳槽过来的总监级别的高级人才加入该公司管理层的，整个管理体系也进一步得到优化并走向国际化。

目前因为公司战略已完成第一阶段，即把企业从一家汽车零部件二级供应商升级为一级供应商；目前正在实施战略的第二阶段，即提升自己产品研发的科技水平和生产能力，从给国内汽车主机厂提供车灯套件的一级供应商成长为国际汽车品牌主机厂提供车灯零部件的主力一级供应商，使企业再次上升了一个台阶，加入成为国际汽车零部件供应商的行列。

鉴于公司战略实施第二阶段的需要，公司首先要尽快在中国市场上把公司产品成功打入合资和外资中高端品牌汽车主机厂，因此客户急需一位在外资汽车零部件企业受过良好培训，对汽车零部件一级供应商销售体系有完整了解的销售总监人选，同时需要这个候选人拥有出色的英文听说读写能力、掌握现成的合资和外资品牌的汽车主机厂的客户资源和人脉资源，同时有能管理一定规模的销售团队的能力。

猎头公司受这家汽车车灯零部件企业的委托，寻找一名销售部门总监候选人。

实训项目一：人才寻访

一、实训目标

训练猎头顾问对客户行业的快速了解和熟悉，对客户的需求清楚了解后，需要迅速制定寻访策略和寻访计划，从而找出和客户生产同样产品的竞争对手公司，同时猎头顾问需要迅速抓取客户招聘岗位中所描述的关键词，通过这些综合信息在招聘网站、社交媒体、公司人才数据库中去搜索和定位目标人选。

客户招聘需求分析如下。

(1) 客户的产品是属于汽车电子产品，所以需要的人选必须是汽车零部件行业的，做汽车电子产品是最合适的。

(2) 客户需要的人选必须有过外资汽车零部件公司工作经验，因为客户需要这个总监把外资企业规范的管理，以及成熟外资企业销售管理体系结合目前自己公司的现状，制定出一套高效现代的销售管理体系。但是考虑到现实情况，只在外资企业工作的人往往是对民营企业不适应的，这类人第一次转型到民企通常失败者居多，所以最好候选人已经从外资企业出来到民营企业工作过，且在民营企业做出过成绩的为佳。

(3) 因为客户要切入外资汽车主机厂客户，这是一个战略新方向，所以这个候选人必须具备外资汽车主机的客户资源和人脉资源，这是个必须项。

(4) 外资客户通常情况下商务及日常沟通都是以英文为主，所以这个候选人的英文语言能力必须是出色的。

(5) 这个岗位是销售总监，负责全国的销售管理，所以一定是要求这个候选人有多年全国销售管理的经验，不仅仅是业务上的管理，还要求对人员上的管理有丰富经验。

二、实训内容、方式、步骤及要求

(1) 学生会被告知客户公司的简单介绍，要求在规定时间内通过互联网以及其他网络工具完成对客户公司所在行业的了解并搜索列出需要寻访的目标公司清单(10家以上客户直接竞争对手名字或更多客户行业上下游相关企业名字)。

(2) 学生会被告知客户招聘岗位的需求，并在规定时间内在网络上查找类似企业的类似岗位的招聘需求，并列出所有搜索简历需要的关键词，包括但不仅限于：职位名称、部门信息、产品名称、客户名称、竞争对手公司名称、工作职责和其他关键词。

(3) 规定时间内完成3份初步符合客户要求的人才简历搜索。

三、推荐实训时长

总体实训时长120分钟，具体如下。

(1) 如何寻访人才的培训30分钟。

(2) 案例背景介绍 5 分钟。

(3) 学生完成目标公司清单和人选搜索关键词 45 分钟。

(4) 学生上招聘网站搜索人才简历 30 分钟。

(5) 培训总结 10 分钟。

实训项目二：简历筛选

一、实训目标

训练猎头顾问对客户岗位核心要求的抓取能力，对客户的需求清楚了解，同时训练猎头顾问迅速阅读候选人简历的能力，需要 shortlist 该职位多个候选人的简历进行仔细阅读，并从简历中找出候选人针对该岗位可能匹配的卖点及可能存在的问题，从而进行分析、判断和筛选是否符合客户岗位的要求，同时对简历解析的过程也是为后期的顾问面试候选人做好准备。

二、实训内容、方式、步骤及要求

(1) 学生会被分配到一份对客户招聘岗位的重点解析以及三份候选人简历，并在规定时间内完成三份简历阅读，允许学生在简历上做记录或标记。

(2) 学生逐一上台发言，向大家展示她/他阅读过程中发现每份简历的亮点和问题，并且分享她/他对这些亮点和问题的分析。

(3) 学生需要对候选人简历进行质量判断，并对候选人针对岗位的匹配度做出评估。

三、推荐实训时长

总体实训时长为 100 分钟，具体如下。

(1) 如何阅读简历的培训 30 分钟。

(2) 案例背景介绍 5 分钟。

(3) 学生阅读三份简历 25 分钟。

(4) 学生上台分析和分享 30 分钟。

(5) 培训总结 10 分钟。

实训项目三：面试安排和面试后跟进

一、实训目标

训练猎头顾问在面试前与客户及候选人进行沟通和协调，以及面试后对双方面试反馈的跟进能力，尤其是锻炼猎头顾问对细节的把控和信息的收集能力。

二、实训内容、方式、步骤及要求

(1) 学生与客户沟通候选人的面试安排。要求在规定时间内完成客户沟通，完整获取客户希望的面试安排等具体信息，以及其他顾问想了解或用于提醒候选人面试应该注意和准备的事项。

(2) 学生模拟开展候选人协调沟通和确认面试安排，同时提醒候选人面试所需注意事项或辅导候选人如何正确面试。

(3) 学生模拟候选人面试跟进，收集到客户对候选人的客户评价，了解客户对这个岗位更确切的要求和变化。

(4) 每个学生模拟跟进候选人面试反馈，收集候选人面试前后态度变化情况，并从候选人处进一步了解客户的需求和候选人对下一份职业发展的期望。

三、推荐实训时长

总体实训时长为 75 分钟，具体如下。

(1) 如何安排面试及面试后跟进的培训 30 分钟。

(2) 面试前与客户沟通面试安排 5 分钟。

(3) 面试前候选人沟通确认面试及面试辅导 10 分钟。

(4) 面试后跟进客户面试反馈 10 分钟。

(5) 面试后跟进候选人面试反馈 10 分钟。

(6) 培训总结 10 分钟。

案例三　某科技创业企业候选人推荐面试案例

这是一家位于上海浦东张江的电子行业的企业，尚处于创业早期阶段，创始人是个技术大牛，本科、硕士和博士学位都是在国外获得，回国创业也才一年时间。产品研发方向是 HUD(抬头显示仪)，可以被广泛运用在汽车、银行、楼宇控制和卫生医疗机构等行业。

目前公司研发的首款产品已经获得几家汽车行业客户、医院和银行机构的试用，所以公司在四个月前已经拿到投资方的 A 轮的投资款，公司的首批客户预计可能在半年后会下一批订单，但是公司目前一共才 5 个人，主要都是研发人员，这让后期的产品交付工作承受了巨大的压力。同时，公司在内部管理体系的建设以及组织架构的设计方面都是严重欠缺的，而且创始人的专长在于技术研发，而对于企业内部管理，特别是员工招聘、日常管理和业绩考核及企业文化建设方面都是非常缺乏经验的，也是他不擅长的工作。目前办公地点选在一栋很旧的大楼，地理位置比较偏，通过公司的大门、前台进入公司后，感觉办公环境很一般。

公司创始人一个月前联系猎头公司合作，提出急需招聘一名资深 HR 经理来帮助企业完成公司管理层和底层大量员工的招聘，同时，这个岗位也要肩负起公司人力资源管理体系的建设。创始人只是口头和猎头公司描述了自己的需求，没有将具体的JD(岗位说明书)给到猎头顾问。

猎头公司在接到创始人紧急需求后，一周内连续推荐了好几个候选人的资料给创始人，但是创始人始终没有给到任何反馈，也不安排面试。

实训项目一：候选人的面试

一、实训目标

训练猎头顾问了解企业对人才特质需求信息的敏感度，以及猎头顾问根据客户需求自己撰写需求分析报告的能力，训练猎头顾问对适合创业阶段人才的面试筛选。

客户招聘需求分析如下。

(1) 按照客户需要，候选人最好是具备 8 年以上人力资源管理经验的资深 HR，且有成功服务过初创或快速成长型企业的经历，熟悉现代人力资源管理理念和实践，能够适应快节奏和不断变化的工作环境；

(2) 客户需要候选人能肩负起公司人力资源管理体系，那么候选人则需要有优秀的领导力和人际交往能力，能够激励团队，建立积极的工作氛围；

(3) 这个岗位需要完成公司管理层和底层大量员工的招聘，所以候选人需要具有敏锐的市场洞察力和战略思考能力，能够预见并应对人力资源管理中的潜在问题，且具有良好的沟通协调能力，能够与不同层级的员工进行有效交流，确保信息流畅；

(4) 由于该企业属于电子行业，所以候选人对电子行业有一定了解，能够理解技术驱动型企业的特殊需求。

二、实训内容、方式、步骤及要求

(1) 每个学生要求在规定时间内根据客户口述的招聘需求撰写一份标准需求分析报告。

(2) 每个学生开展一次应聘候选人的电话面试。

(3) 每个学生在规定时间内完成人才推荐报告的制作和推荐理由的撰写。

(4) 每个学生模拟完成发送人才报告给客户后的电话跟进，同时在电话里向客户口头讲述候选人的亮点和匹配点，以及确认面试的可能或面试安排。

三、推荐实训时长

总体实训时长 100 分钟，具体如下。

(1) 撰写需求分析报告和顾问面试的培训 40 分钟。

(2) 案例背景介绍 5 分钟。

(3) 学生撰写需求分析报告 15 分钟。

(4) 学生模拟电话面试候选人 30 分钟。

(5) 培训总结 10 分钟。

实训项目二：候选人的推荐和跟进

一、实训目标

猎头顾问在推荐和跟进候选人时，需要制作具有说服力的人才推荐报告，这包括详细呈现候选人的专业技能、工作经验和与岗位的契合度。此外，猎头顾问还必须精通如何向客户推荐合适的候选人，包括突出候选人的优势、回应客户的疑问、收集并整合双方反馈，以及协调面试安排。在跟进过程中，顾问应确保及时更新候选人状态，管理客户期望，并推动招聘流程向前发展。对于技术型创始人的需求，猎头顾问需要深入理解其独特性，应能够准确识别和推荐符合特定需求的候选人，同时管理好面试流程，确保高效、专业的招聘体验，从而提高客户满意度和候选人接受率。

二、实训内容、方式、步骤及要求

(1) 给每个学生分配一份标准人才推荐报告模板，要求在 15 分钟内完成人才推荐报告、人才评价和推荐理由的撰写。

(2) 每位学生要求在 5 分钟内撰写一份正式商务邮件给客户，推荐经过猎头顾问面试合格的候选人的资料给客户。

(3) 在猎头顾问发出给客户的候选人推荐邮件后，要求电话跟进，确认客户收到推荐的候选人资料，并再次向客户介绍该候选人的卖点及和其与岗位的匹配性。

三、推荐实训时长

总体实训时长为 75 分钟，具体如下。

(1) 如何撰写人才报告的培训和电话跟进时间为 35 分钟。

(2)　案例背景介绍 5 分钟。

(3)　人才推荐报告撰写 15 分钟。

(4)　推荐候选人的商务邮件撰写 5 分钟。

(5)　人才推荐电话跟进 5 分钟。

(6)　培训总结 10 分钟。

参 考 文 献

[1] 宋斌. 中国猎头史·先秦[M]. 广州：中山大学出版社，2017.

[2] 余兴安. 人力资源服务概论[M]. 北京：中国人事出版社，2015.

[3] 田永坡. 人力资源服务业四十年：创新与发展[J]. 中国人力资源开发，2019，36 (01)：106-115.

[4] 夏洪胜，张世贤. 项目管理[M]. 北京：经济管理出版社，2013.

[5] 毕星. 项目管理[M]. 2 版. 北京：清华大学出版社，2011.

[6] 郑志恒，孙洪，张文举. 项目管理概论[M]. 北京：化学工业出版社，2012.

[7] 张锐昕，李鹏. 项目管理[M]. 北京：清华大学出版社，2013.

[8] 柴彭颐. 项目管理[M]. 2 版. 北京：中国人民大学出版社，2015.

[9] 刘柳，杨莹. 客户关系管理[M]. 北京：机械工业出版社，2019.

[10] 李伟其，李光明. 新编客户管理实务[M]. 北京：清华大学出版社，2016.

[11] 比特丽丝·切斯纳特. 九型人格：职场指南[M]. 张丰琪，译. 北京：北京日报出版社，2020.

[12] 范宸. 九型人格心理学[M]. 北京：中华工商联合出版社，2019.

[13] 王希琼，高新宏. 商务谈判实务[M]. 天津：天津大学出版社，2010.

[14] 叶伟巍，朱新颜. 商务谈判[M]. 杭州：浙江大学出版社，2014.

[15] 熊坚. 中国人力资源服务外包实操手册[M]. 北京：中国劳动社会保障出版社，2019.

[16] 郑孝领. 猎术：猎头核心技能[M]. 2 版. 北京：中国发展出版社，2019.

[17] 蒋倩. 百万猎头从入门到精通[M]. 北京：北京大学出版社，2019.

[18] 李葆华. 现代猎头实训指南[M]. 广州：中山大学出版社，2018.

[19] 宋斌. 全球顶级猎头公司[M]. 广州：中山大学出版社，2018.

[20] 宋斌. 现代猎头[M]. 广州：中山大学出版社，2017.

[21] 刘戒非. 猎头招聘之高效精准面试法[J]. 就业与保障，2023，(01)：76-78.

[22] 稽仙峰，吴海莉. 客户识别方法研究综述[J]. 经济师，2010，(07)：31-34.

[23] 苏朝晖. 客户关系管理：客户关系的建立与维护[M]. 3 版. 北京：清华大学出版社，2014.